キャリア教育に活きる！

仕事ファイル

センパイに聞く

⑮ **45**

笑いの仕事

芸人
落語家
放送作家
お笑いライブの制作会社スタッフ
ラジオ番組ディレクター

小峰書店

小峰書店 編集部 編著

㊺ 笑いの仕事

Contents

File No.252

芸人
Comedian

太田プロダクション
納言・薄幸さん
芸歴13年目 31歳

> イベントや
> テレビ番組に出演して、
> その場にいる人たちや
> 視聴者を楽しませます

芸人は、おもに話術など、自分の得意な芸を披露してお客さんを楽しませます。薄幸さんは安部紀克さんと「納言」というコンビを組み、お笑いライブやイベント、テレビ番組などで活躍しています。そんな薄幸さんに、お話を聞きました。

用語 ※相方 ⇒ 漫才などお笑いのコンビやトリオのパートナーのこと。

用語 ※アドリブ ⇒ 台本にない、出演者がその場で考えるセリフや演技のこと。

Q 芸人とは どんな仕事ですか？

芸人は、自分が身につけた芸を披露し、楽しんでもらうことを仕事とする人のことです。私は、納言というコンビを組んで漫才をしています。いろいろな仕事がありますが、おもに舞台で漫才をしたり、テレビやインターネットの番組に出演したりしています。

漫才には、ネタづくりが必要です。ネタとは漫才の台本のことで、日常のなかにあるちょっとおもしろいと感じたことを、ふたりの会話として表現していきます。お客さんが笑えるかどうかはネタのでき具合でほぼ決まるので、とても重要です。今、納言のネタづくりはすべて私が担当していて、喫茶店などに1日中こもって何とか1本を書き上げます。舞台では5分ほどの漫才ですが、ネタは簡単にはできません。

つくったネタを、相方と何度も練習して本番にのぞみます。お笑いのライブやイベントなどお客さんの前でくりかえし披露して、微調整します。10回程度くりかえしたら完成となり、そのネタは納言の持ちネタになります。

テレビやYouTubeの番組には、私ひとりで出演することもあります。ひとりのときは、ほとんどアドリブ※で、司会者や共演者とやりとりをしていきます。私の役割は、番組がまじめになりすぎないように流れを変えたり、固くなった空気をほぐす発言をすることです。番組を観ている人に楽しい気分になってもらうためには、目の前で起きたことを笑いに変える力が必要なので、ふだんからおもしろい言いまわしを考えて、いつでも使えるようにしています。

薄幸さんのある1日

10:30	仕事開始。ラジオ局でラジオ番組の収録開始
14:00	収録終了。急いでランチをとる
14:30	テレビ局でテレビ番組の収録開始
18:30	収録終了
19:00	ライブ会場に到着
19:30	相方の安部紀克さんとライブ会場で合流
20:30	ライブでトリ※をつとめる
21:00	仕事終了

漫才を披露する納言。納言は、安部紀克さん（左）と薄幸さん（右）の男女で2017年に結成されたお笑いコンビ。

薄幸さんのいろいろな仕事の場

● お笑いライブ
お客さんの前で漫才を披露する。ライブの規模は、客席の定員が数十人から数百人、千人をこえるものまで、さまざまだ。

● 学園祭
大学の学園祭に出演して、舞台上で漫才を披露する。学園祭の仕事は、学園祭のシーズンである10〜11月に入ることが多い。

● 商業施設などでのイベント
ショッピングモールなどでのイベントにゲストとして出演し、漫才やトークを披露する。薄幸さんはお酒が好きなことでも知られていて、お酒に関するイベントに出演することも多い。

● テレビ・ラジオ番組
テレビのバラエティー番組やラジオ番組に出演する。生放送もあるが、事前に収録されるものも多い。

● インターネット番組
YouTubeの番組などに出演する。企業の広告をかねた動画に出演する仕事もある。

● 雑誌
雑誌の取材を受けることもある。撮影を行い、インタビュー記事が雑誌に掲載される。

用語 ※トリ⇒ライブやイベントなどで、いくつかある演目の最後をしめくくる人。もともとは大衆芸能の演芸場である寄席で、最後に出演する人や演目を指す言葉。

仕事の魅力

Q どんなところが やりがいなのですか？

自分の言ったことなどで笑いをとれたら、達成感があります。また、街で「薄幸さんですか？」と声をかけてもらえるのがとてもうれしいです。テレビに出て多くの人に知ってもらうことが夢だったので、幸運なことに夢が叶ったと思っています。

たくさんお給料をもらえるところにもやりがいを感じますね。私の仕事は会社員とはちがい、仕事量に応じてお給料が毎月変わります。自分のがんばりが数字で見えるのがよいところです。

夜7時、ライブ会場に入る薄幸さん。納言はトリとして最後に出演予定だ。

出番の前に、相方と「ネタ合わせ」をする。「その日のおたがいの調子を合わせるのに、欠かせない時間です」

本番は5分間ほど。お客さんの心を短時間でどれだけつかめるかが肝心だ。

Q 仕事をする上で、大事に していることは何ですか？

時間を守って、約束におくれないことです。テレビに出ているからといって、えらいわけではありません。えらくなったと勘ちがいして大切なことをおろそかにしないよう、いつも自分をいましめています。

多くの芸人の先輩方にかわいがってもらっていますが、マナーを守らない人とは出会ったことがありません。そうでなければ、この業界で生き残れませんね。やはり、芸人として売れている人はマナーを守っている人ばかりだと感じます。

Q なぜこの仕事を 目指したのですか？

子どものころからテレビを観るのが好きで、将来はテレビに出る人になりたいと、ずっと思ってきました。なかでもNHKの『天才てれびくん』をよく見ていて、番組のなかに登場する「てれび戦士」になりたいと思っていました。そこで私は、親に頼みこんでオーディションを受け、子役事務所に入ったんです。

子役事務所で、女優を目指しました。ところがなかなか演技がうまくならず、高校2年生のときにあきらめました。

その後、目指したのが芸人です。芸人ならテレビに出演しやすいんじゃないかと思ったからです。また、昔から芸人コンビ・さまぁ～ずのおふたりの大ファンだったので、いつか同じ舞台に立てるかもしれないという気持ちもありました。

用語 ※M-1グランプリ ⇒多くのお笑い芸人が所属する吉本興業と朝日放送テレビが主催する、日本一の若手漫才師を決める大会。

Q 今までに どんな仕事をしましたか？

芸人になったころは、今とは別の相方と組んで漫才をしていました。そのコンビを解散した後は、ひとりで活動していた時期もあります。「薄幸」の芸名は、そのころに出演したテレビ番組でビートたけしさんにつけてもらいました。

納言のコンビで活動を始めたのは、2017年のことです。安部が、コンビを組もうと熱心にネタを送ってきたんです。しょうがないから1回だけ、と漫才をしてみたら、意外とお客さんにウケたんですよ。翌年には若手漫才師の日本一を決める賞レース「M-1グランプリ※」で準々決勝まで勝ち上がることができ、それ以来、テレビに出る機会が増えました。

・ジャケット・

・漫才マイク・

・アイデア帳・

全芸人のネタ披露が終わり、エンディングに出場者全員が舞台へ再登場。司会者に話をふられる納言のふたり。

PICKUP ITEM

薄幸さんのトレードマークは黒のライダースジャケット。舞台や番組の本番には、このジャケットを着て登場する。ネタをつくるときはスマートフォンを使うが、番組の事前打ち合わせなどにはアイデア帳を持参し、アイデアをメモする。漫才マイクは、舞台で欠かせない道具だ。

Q 仕事をする上で、難しいと感じる部分はどこですか？

テレビ番組のロケ※で現地の人と話をするときに、自分の力不足を感じます。初対面の人にどこまでふみこもうか、と考えているうちに、話が止まってしまうことがあるからです。ふみこまないのもつまらないので、バランスが難しいですね。

舞台の仕事で難しいのは、お客さんが本当におもしろくて笑っているわけではない、と感じるときがあることです。そこであえて、お客さんが10人ほどの小さな劇場の舞台に出るようにしています。そこには、本当におもしろくなければ笑わない、目のこえたお客さんがいます。そんなお客さんを笑わせることができる、本物の芸を追求しています。

Q この仕事をするには、どんな力が必要ですか？

瞬発力と語彙力が必要だと思います。瞬発力というのは、言われたことに対してすぐに反応して返す力のことです。おもしろくなるかどうかは、話のリズムやスピードで決まるので、流れを止めないで返し続ける瞬発力が必要です。

おもしろいことを言うためには、語彙力も欠かせません。同じことを話していても、使う言葉によっておもしろさの伝わり方が変わってきますし、語彙力があれば表現のはばが広がって、笑いにつながる可能性も高まります。語彙力に関しては、私自身の課題でもあるといつも思っています。

とくに勉強ができなくても、芸人にはなれます。けれども、頭の回転の速さや雑学の知識など、成績には表れない部分でのかしこさが必要かもしれません。

用 語 ※ ロケ ⇒ ロケーションの略。映画やテレビ番組などで、撮影所や放送局のなかではなく、自然や街のなかで撮影すること。

毎日の生活と将来

「店でラーメンを食べるときには、健康面を意識して、ほうれん草などをトッピングします」

Q 休みの日には何をしていますか？

　洗濯や部屋の掃除をして、あとはたいていネタづくりか、テレビ番組に出る準備としてテレビ局から渡されたアンケートに答える作業などをします。やらなければいけないことを終えたら、芸人の仲間と夜ご飯を食べに行きます。

　食事以外ではできるだけ外出をしたくないタイプなので、マンガを読んで過ごすこともあります。読み始めると止められなくて、気づくと夜になっていたということもしょっちゅうです。いつも仕事のことばかり考えていると疲れてしまうので、休みの日には好きなことをするようにしています。

自宅のソファーでくつろぐ薄幸さん。「家で過ごす時間が好きなので、心地よい空間にしています」

Q ふだんの生活で気をつけていることはありますか？

　芸人の仕事は、時間がとても不規則です。家に帰るのが深夜になることもよくありますが、どんなに夜おそく帰っても、必ずお風呂に入ってから寝るようにしています。お風呂に入り、1日のしめくくりをはっきりさせることで、生活のリズムが整うからです。疲れすぎて、お風呂に入らず寝たいと思うこともあります。けれども、私の性格上、1回さぼってしまうとさぼりがちになり、そのうち生活も乱れてしまいそうなので、ルールにしています。

　睡眠時間にも気をつけています。睡眠不足に気をつけるのはもちろん、寝すぎにも注意して、目覚まし時計をかけて寝るようにします。これも生活のリズムをくずさないためです。

薄幸さんのある1週間

時間	月	火	水	木	金	土	日
05:00							
07:00						新幹線で新潟県の燕三条駅に到着	
09:00	休み				移動		休み
11:00		休み		テレビの旅番組のロケの続き	ラジオ番組の収録		
13:00			テレビの旅番組のロケ			テレビ番組のロケ	移動
15:00							YouTubeの生配信
17:00	喫茶店でネタづくり				テレビ番組の収録	新幹線に乗る 東京駅に到着	
19:00	特急列車に乗る			特急列車に乗る	帰宅 リモートで打ち合わせ	YouTube番組収録	インターネット番組の生配信
21:00	千葉県・成田駅に到着 現地で宿泊		現地で宿泊	東京駅に到着 帰宅			
23:00						帰宅	
01:00	休み	睡眠	睡眠	睡眠	睡眠		帰宅
03:00							睡眠
05:00							

テレビ番組の収録で地方へ出かけることが多く、生活時間が不規則になりがちだ。ドラマやCM出演などたくさんの仕事をしながら、休む時間も確保している。

Q 将来のために、今努力していることはありますか?

　貯蓄を始めました。20代の間は、自分は結婚して家庭を築くものだと思っていましたが、30代に入って、もしかしたら一生、結婚をしない可能性もあると思いました。そうなると、死ぬまで自分の稼いだお金で生きていかなければならないので、お金をためないといけないと思ったんです。お金は、生きるために必要です。

　今はそれなりに仕事をして給料をいただいているけれど、不安定な職業なので1年後はどうなっているかわかりません。そう考えると、やはり貯蓄は大事ですね。

ライブが終わって、夜の街をバックに撮影。「私はお酒が大好きなんです。今日もおいしいお酒が飲めそうです」

「結婚願望はめちゃめちゃありますね。子どもも好きなので、明日にでも結婚したいです」と語る薄幸さん。

Q これからどんな仕事をし、どのように暮らしたいですか?

　多くの芸人は、自分の名前がタイトルについた「冠番組」をもつことを目標にしていますが、私が理想としているのは、今のペースで仕事を続け、芸歴を重ねていくことです。

　もちろん、冠番組をもてたらうれしいと思います。けれどもそれ以上に、いろいろな番組に出演させてもらえる芸人でい続けることに魅力を感じます。笑いの技術をみがき、どんな場所でも笑いを起こすことができる芸人として、みんなから必要とされる存在になりたいです。

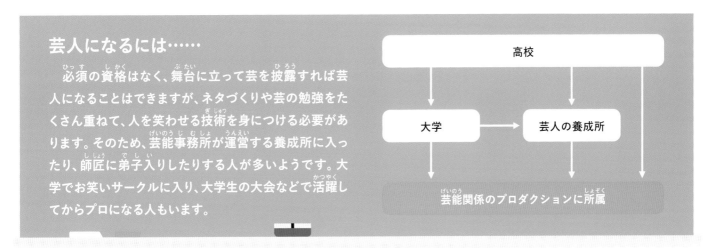

芸人になるには……

　必須の資格はなく、舞台に立って芸を披露すれば芸人になることはできますが、ネタづくりや芸の勉強をたくさん重ねて、人を笑わせる技術を身につける必要があります。そのため、芸能事務所が運営する養成所に入ったり、師匠に弟子入りしたりする人が多いようです。大学でお笑いサークルに入り、大学生の大会などで活躍してからプロになる人もいます。

高校

　↓　　　　　　　　↓

大学 → 芸人の養成所

　↓　　　　　　　↓　　　　　↓

芸能関係のプロダクションに所属

※ この本では、大学に短期大学もふくめています。

子どものころ

Q 小学生・中学生のとき、どんな子どもでしたか？

小学生のころは、静かな、おとなしい子でした。人見知りで、仲のよい友だち以外とは、話もあまりできませんでした。

中学校に入ったら、活発で目立つ生徒に変わりました。きっかけは、勉強に対するあきらめだったかもしれません。小学生のときはできていないことに気づいていなかったのですが、中学生になったらテストの順位が下から10番目くらいでした。そこで「勉強しても意味ないや！」と考えたんです。両親も勉強をしろと言わなくなったので、そこから遊ぶことだけに注力するようになり、急に活発な性格になりました。

勉強も運動も苦手でしたが、作文だけは得意でした。作文力は今、ネタを書いたりコラムの執筆の仕事をしたりするときに活かしています。部活はバスケットボール部に入っていましたが、試合では早く負けて帰りたいと思っていましたね。

反抗期も重なって、先生に反抗するのがかっこいいと勘ちがいしてしまったのもこの時期です。思ってもいないのに先生に暴言をはくなどして、迷惑をかけました。けれど先生は、私と向き合い、あきらめずに指導してくれました。そのおかげで私も素直になれて、反抗期をぬけだすことができました。

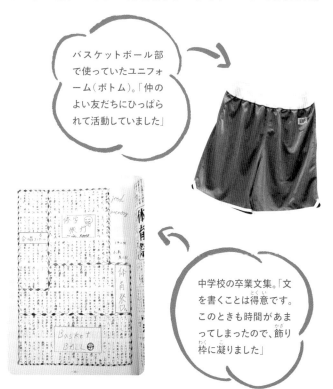

バスケットボール部で使っていたユニフォーム（ボトム）。「仲のよい友だちにひっぱられて活動していました」

中学校の卒業文集。「文を書くことは得意です。このときも時間があまってしまったので、飾り枠に凝りました」

薄幸さんの夢ルート

小学校 ▶ 芸能人

とにかく「テレビに出てる人」になりたくて、子役を養成する事務所に入った。

▼

中学校 ▶ 女優

子役養成事務所で女優になるための勉強を続けた。

▼

高校 ▶ 芸人

女優の道をあきらめ、芸人になろうと思った。高校もやめて芸人の養成所へ入った。

▼

芸人の養成所 ▶ 芸人

コンビを組んで漫才を披露する芸人を目指した。

中学時代は学級委員や合唱コンクールの指揮者をつとめるなど、クラスの中心的な存在だった。

Q 子どものころにやっておけばよかったことはありますか？

もう少し勉強をしておけばよかったと思います。おもしろくボケたり、ツッコミを入れたりするには、たくさん知識がある方がよいからです。

ある芸人さんから、「家康みたいなことすんなー！」とツッコミを入れられたときに、意味がわからず、会話についていけなかったことがありました。「家康」が徳川家康のことを言っているのはわかったのですが、何をした人なのかわからなかったんです。基本的な勉強の大切さを思い知らされました。

Q 中学のときの職場体験は、どこへ行きましたか？

私が通った中学校では、2年生と3年生でそれぞれ1回ずつ、職場体験をすることになっていました。私は、2年生のときに幼稚園に1日行き、3年生のときは保育園に2日行きました。ほかにも警察署や飲食店などの候補がありましたが、子どもたちと遊びたかったのでこれらを選びました。

体験先には自分たちで連絡をして、3、4人で体験させてもらったと思います。2年生のときに行った幼稚園は、自分が通っていた幼稚園でもあったんですよ。

Q 職場体験ではどんな印象をもちましたか？

子どもたちといっしょに遊んだり、紙芝居を読んであげたりしました。幼い子どもが相手とはいえ、人前で何かをするのはとても緊張し、手がふるえていたのを覚えています。

幼稚園では、先生が私を覚えていてくれたことにもおどろきました。当時はこわい先生だと思っていたのですが、そんなことはありませんでした。あのとき先生は、マナーの大切さを教えてくれていただけだったんだと気がつきました。

幼稚園も保育園も、やりがいを感じられそうな職場でした。芸人になっていなければ、保育士になったかもしれません。

Q この仕事を目指すなら、今、何をすればいいですか？

いろいろな人と話して、会話を楽しむことです。大勢の前で話すチャンスがあれば挑戦して、人前に出ることに慣れておくとよいです。芸人になったときに堂々と芸を披露できますよ。そして可能であれば、劇場に足を運んでお笑いライブをたくさん観てほしいです。いろいろな「笑い」にふれるなかで、自分がどんな笑いを好きなのかがわかるからです。

あとは、ダンスを勉強しておくことをおすすめします。芸人の出る舞台や番組では、なぜか踊りを求められるシーンが多いんです。ダンスの授業にちゃんと取り組むと、話術に必要なリズム感も身につくと思います。

自分の性に合った小さなライブにも出続けて、好きな笑いを追求したいです

− 今できること −

ふだんの暮らし

お笑い番組を観たり、お笑いライブに足を運んだりして、お笑いに関する経験値を蓄積しましょう。また、おもしろい話題やできごとがあったら、積極的にまわりの人に話してみてください。そのときは、どのように話せばまわりの人も楽しくなるかを考えて、話し方を工夫してみましょう。

学校の文化祭や発表会などの催しで、司会者に立候補してみることもおすすめします。ほかにも、大勢の前で話ができる機会があれば挑戦してみましょう。

国語　反復法、比喩、倒置法などの国語の表現方法を身につけると、話芸に活きます。また、語彙も増やしましょう。

社会　歴史や地理などの知識が役立つこともあります。現代社会にも関心をもって勉強しておけば、時流にのった発言や芸ができるようになります。

音楽　音の強弱やリズムが生み出す特徴に関心をもちましょう。リズム感は話術の要素のひとつです。発声練習にも力を入れて、相手にしっかりと届く声を目指しましょう。

体育　移動が多く、体力が必要な仕事です。適切な運動の仕方を学んで体力を高めましょう。またダンスの授業に積極的に取り組み、全身を使ったリズム感を養いましょう。

落語家

Rakugo Storyteller

落語協会
(らくごきょうかい)
林家希林さん
(はやしやきりん)
芸歴13年目 35歳
(げいれき)　(さい)

撮影協力：逗子文化プラザホール

対面でお客さんを
たくさん笑わせるのが
ぼくたちの仕事です

落語は、江戸時代に発達した伝統芸能のひとつです。
落語家はひとりで舞台の真ん中の高座にあがり、ひとりですべての役を演じ分け、お客さんを噺※の世界に引きこみます。落語家の林家希林さんにお話を聞きました。

用 語　※噺 ⇒落語や講談などで語られるものがたりのこと。落語家を「噺家」ともいう。

Q 落語家とは どんな仕事ですか？

チケットを買って入場してくれたお客さんの前で噺をし、笑わせる仕事です。落語は江戸時代に発達し、庶民に親しまれてきた話芸で、寄席※とよばれる演芸場での出し物のなかで、もっとも人気のある伝統芸能です。

落語家はひとりで複数の登場人物を演じ、滑稽な噺や人情にうったえる噺をします。最後に「落ち」がつくことが多く、登場人物はどこかぬけたところのある人ばかりです。聞く人が、笑って気楽に生きやすくなるのがよいところですね。落語は寄席のほか各地の劇場やホールでも行われ、人気の落語家はホールで独演会（単独公演）を行うこともあります。

落語家になるためには、自分が好きな落語家のところへ行き、見習い（弟子）にしてもらいます。そして師匠のもとで修業し、時間をかけて落語家の階級を昇っていきます。新しい演目を覚えたいときは、その演目を得意とする落語家のもとへ行き、一対一で稽古をつけてもらいます。覚えたら、後日、その師匠の前でもう一回やります。合格すれば、人前でやることを許されるという仕組みです。

落語は自分流にアレンジしてもよいのですが、最初は決まった「型」の通りに覚えることが肝心です。伝統芸能ならではの仕組みだと思います。また、自分の師匠でなくとも、その演目を得意とする落語家から、直接、稽古をつけてもらうことができるのがおもしろいところです。

ぼくの階級は「真打」で、古典落語と新作落語※を合わせて70ほどの演目が持ちネタです。寄席や劇場で落語を披露する仕事のほかに、「落語家」としてさまざまなイベントなどに出演し、人前で話す仕事をしています。

林家希林さんのある1日

10:00	仕事開始（書店へ行き、落語のネタになりそうな情報を探す）
▼	
11:30	東京都台東区の浅草演芸ホール（寄席）で本番準備
▼	
11:45	落語の本番（10分間）
13:00	ランチ
▼	
15:40	神奈川県逗子市のホールへ移動、準備
▼	
16:00	落語の本番（20分間）
▼	
18:30	子ども向け書籍の取材に応じる
▼	
21:00	帰宅

見ているのは、落語家たちがその会場で披露した演目の名を書きこむ根多帳。「本番前に楽屋でこれを見て、ほかの出演者とネタがかぶらないようにします」

落語家の階級 ※落語協会の場合

① 前座見習い
師匠が入門を許可すれば前座見習いとなる。楽屋へは入らず、師匠や兄弟子について雑用をこなす。落語の稽古、着物の着方やたたみ方、鳴り物（笛や太鼓）の稽古など、前座になるための修業を行う。師匠はこの時期に見習いの資質や熱意を見極める。

② 前座
師匠の許可が出ると、楽屋へ入ることのできる前座となる。落語家を名のることが許され、寄席の番組（プログラム）で最初に演じる。楽屋の雑用も行う。前座の期間はおよそ4年間。

③ 二ツ目
紋付や羽織、袴をつけられるようになる。二ツ目になると師匠の家や楽屋での雑用がなくなるかわりに、自分で落語の仕事を確保しなくてはならない。期間は、およそ10年間。

④ 真打
落語家が目指す最高の地位。寄席の番組で「トリ」としていちばん最後に出る資格をもつ。真打になると、弟子をとることができる。

用語　※ 寄席 ⇒ 芸能のための演芸場。「人を寄せる場所」の意味があり、落語や漫才、コント、手品などさまざまな出し物が行われる。

用語　※ 新作落語 ⇒ 古くからある古典落語に対して、大正時代以降につくられた演目。

仕事の魅力

Q どんなところがやりがいなのですか？

お客さんがたくさん笑ってくれることです。

ぼくが初めて人の前で落語を披露したとき、会場には500人くらいのお客さんがいたのですが、ウケたんですよ。そのときに感じた「ウケるんだ。笑ってもらえるんだ」といううれしさは、忘れられないですね。

入門するとき、師匠の林家木久扇に「人を笑わせるってことは、神様からおつりをもらうことなんだ」と言われました。笑いで徳を積む、というふうな意味だととらえています。初対面の人を笑わせるのは案外すごいことだと思っています。

本番60分前。リハーサルへ向かう前に、本番用の着物と羽織を身につける。

「準備完了です。でも、何の演目をやるか、まだ決めていません」

Q 仕事をする上で、大事にしていることは何ですか？

何をやったらウケるかだけを考えています。ウケるには、場のお客さんの反応を初めの一瞬でつかむことが大事です。

ぼくは、行う演目をふたつか三つにしぼって本番にのぞむことが多いのですが、最終的にどれにするかは、高座で話し始めてから決めます。「よく笑うお客さんだ」とか、「笑いは少ないけどよく聞いてくれるお客さんだ」とかが、日によってちがいます。ぼくが最初に一声しゃべった反応でその場の空気を読み取り、この演目でいこうと決めるんです。

ウケるのに、落語がうまいかへたかはあまり関係がありません。いかに、その場のお客さんに合ったものを提供できるかが大きいです。だから、多くの演目を持ちネタとしてもっておくことが必要です。

ホールのスタッフとは、これまでに何度も顔を合わせていて仲良しだ。本番直前までおしゃべりをしてリラックスする。

Q なぜこの仕事を目指したのですか？

中学校の芸術鑑賞会に、今のぼくの師匠、林家木久扇が来てくれたんです。ぼくはそのときまで落語というものをばかにしていたのですが、とにかく笑わされました。話芸でこんなに笑うものなんだと、びっくりしました。同級生もみんな笑っていて、落語ってすごいと思ったんです。

そして大学2年生のときにNHKの『笑いがいちばん』という番組を見ました。番組のなかで、柳亭市馬師匠が相撲の呼出や行司のまねをされたんです。父はもと力士で、ぼくは相撲部屋で生まれ育ったので、なじみ深い世界なんです。ああうまいな！ と感激しました。そして、落語はこんなこともやっていいのか、それならやってみたいと思いました。

何より、木久扇師匠にほれこんだのが理由です。ぼくの場合は、落語より、師匠が好きでこの世界に入りました。

リハーサルでマイクと照明のチェックをする。舞台の上でもスタッフとのおしゃべりが止まらない林家希林さん。

Q この仕事をするには、どんな力が必要ですか？

愛嬌が必要だと思います。とにかくニコニコしていることです。土下座しないといけないくらいの大失敗が、ぼくは今まで1回もありません。笑いながら「すいません！」と言って、相手に「しょうがないなあ」と思わせたら、勝ちです。ビクビクしていると、相手をよけいに怒らせてしまいます。

怒りを大きくしないためには「すいません」とすぐにちゃんと謝ることです。素直さもとても大事です。強情な人の場合、例えばみんなでつくる寄席の流れをせきとめてしまうもとになることがあり、よくありません。「やはりちがう」と思ったら将来的には従わなくてよいので、まずは受け入れてみることです。ぼくは1回受け入れる姿勢の大切さを、前座の修業で学びました。

Q 今までにどんな仕事をしましたか？

二ツ目になるまでの修業が、とても大変でした。師匠や兄弟子について、師匠の家での雑用から楽屋での雑用を大みそかも元日も1日の休みもなくこなし、すべての都道府県をまわりました。いつまで続くんだろうと感じてつらかったですが、今思うと、落語家に必要な一瞬の気遣い・気働きができるための、空気を読む訓練だったんです。

例えば、お茶を出す、先輩が鼻をかんだティッシュを捨てるごみばこを出す。これらをいかにもではなく、さりげなく行えて初めて「気働きができる」とされます。「タイミングがちがう」「今じゃない」と、先輩たちから徹底的に教えられました。空気を読めると、話の「間」をとるのもうまくなります。結局のところ、笑いは「間」なんだと、今ならわかります。

Q 仕事をする上で、難しいと感じる部分はどこですか？

仕事がない状態のときが、つらいです。落語家はたくさんいるので、ぼくでなくてもよいときがそれなりにあります。

ぼくたちの仕事は人とのつながりで成り立つので、知り合えた人とは、できる限り連絡をとって、会いに行って、ということを心がけています。そして、いつでも声をかけてもらえるように、「ラジオに出たい」「本を出してみたい」など、自分の願いを何でも口に出して人に伝えるようにしています。

- スーツケース
- ヘアワックスと歯磨きセット
- 腕時計
- 手ぬぐい
- 扇子
- 出囃子のCD

PICKUP ITEM

スーツケースにヘアワックスや歯磨きセットなど身のまわりのものをつめ、ときには沖縄県へも北海道へも日帰りで仕事をこなす。分単位の仕事が多いため、腕時計も必需品。手ぬぐいは手紙、本、財布、たばこ入れなどの小道具になる。扇子は、開いたりたたんだりして、刀、箸、筆、竿、傘、お銚子などを表現する小道具だ。CDは舞台に出る際にかかる「出囃子」として使う。

毎日の生活と将来

Q 休みの日には何をしていますか？

本を読んだり、映画を観に行ったりしています。恋愛小説などを読むと、同じ恋愛感情でも表現が全然ちがうのがおもしろいですね。語彙力も身につくので、読書は好きです。

落語では「マクラ」といって、本番の噺に入る前に世間話や小咄※をします。この「マクラ」で話せるおもしろいことがないかと、仕事がない日もつねに探しています。あらゆるできごとや体験が仕事の材料になるので、外に出れば必ず人間観察をします。言葉を交わさなくても、外見やようすだけでも印象的であれば、ネタになることがあります。

馬房でひいきの馬をかわいがる林家希林さん。「好きなものはいろいろありますが、競馬も大好きです。馬がかわいくてしかたないです」

「ぼくには、たくさんの落語家の仲間がいます。この日はみんなで中華料理を食べに行きました」

Q ふだんの生活で気をつけていることはありますか？

落語家の世界では、言葉を大事にします。木久扇師匠がよく、「自分が話したことを自分の耳が聞いてるぞ」と言います。つまり、よい言葉を言えばよいようになるし、悪い言葉を言えば悪いことが起こるという意味で、いわゆる「言霊」という考え方のことです。

例えば落語家が「するめ」を「あたりめ」、「すり鉢」を「あたり鉢」とよぶのは、「する」は賭け事でお金をする（減らす）につながる言葉だということで、悪い言葉を避けた結果なんです。そういった、マイナスの言葉を使わないように気をつけています。たんなる縁起担ぎのようですが、何事も気持ちが大事だと考え、悪い運をまねかないようにしています。

	月	火	水	木	金	土	日
05:00		睡眠					睡眠
07:00	睡眠	準備・食事		睡眠	睡眠	睡眠	
09:00		新幹線で宮城県で仙台へ		準備・食事	準備・食事		東京国際展示場へ到着
11:00	準備・食事	市民会館へ到着 リハーサル		師匠宅へ行き、本番の準備をする	東京・渋谷でラジオ番組を4本録音する		
13:00	寄席に出演 イベント打ち合わせ	開演		飛行機で福岡県へ	歯医者へ行く	サウナへ行く	
15:00			休日	リハーサル	イベントの打ち合わせ 寄席で一席行う		イベント本番
17:00	カフェで稽古	新幹線でもどる		開演		東京国際展示場でイベントリハーサル	
19:00	会食						食事
21:00		食事		飛行機でもどる	帰宅、自由時間		
23:00	帰宅、自由時間	帰宅、自由時間					
01:00				師匠宅へ行く 帰宅		帰宅、自由時間	
03:00	睡眠	睡眠		睡眠	睡眠		睡眠
05:00							

林家希林さんのある1週間

ほとんど毎日仕事があり、この週で完全な休みだったのは水曜日だけ。新幹線や飛行機を使い、日帰りで地方公演を行うこともあるいそがしい毎日だ。

用語　※小咄 ⇒気の利いた、短い笑い話のこと。

この日の演目は『力士の春』。落語家の春風亭昇太氏による新作落語。実家が相撲部屋である林家希林さんの得意演目だ。

Q これからどんな仕事をし、どのように暮らしたいですか？

ぼくは子どものころからお金が大好きで、今は資産運用に興味をもっています。手もとのお金をどう増やすかが、人生の大きな課題です。落語は、どんな内容の話をしてもかまわない自由な伝統芸能なので、お客さんが興味をもってくれるなら資産運用について落語で語りたいです。

将来も変わらず、落語家という肩書きでイベントに出演してトークをするなど好きなことし、著作業などへも仕事を広げたいです。とはいっても、落語を多くの人に知ってもらうための入り口であり続けたいという願いは変わらないと思います。落語にくわしい人に向けてというよりも、落語を初めて聞くお客さんの心をつかむ落語をしていきます。

Q 将来のために、今努力していることはありますか？

ぼくは、落語界の地位向上委員会の委員長をやっています。といっても、ぼくひとりしかいない委員会です。

日ごろから世間での落語の地位が低いと感じていて、価値をもっと認めてもらいたいと願っています。例えば、落語と同じ伝統芸能である歌舞伎には、何か、特別な権威のようなものがそなわっています。落語を同じようにしたいわけではないのですが、このちがいは何かと考えると、料金のちがいかもしれません。

人は安いものは適当にあつかいますが、高いものはそれなりに、もとをとらなくてはと身を入れて観るはずです。落語の入場料を上げられるよう、できることをしたいです。

本番が終わり、「力士の春」と根多帳に演目を書きんだところ。前座の後輩と雑談をする。

落語家になるには……

落語家になるには、学歴や資格は必要ありません。年齢も性別も問われません。高校を卒業してすぐに弟子入りをする人もいれば、社会人として働いた後で弟子入りをする人もおり、落語家の経歴はさまざまです。ほかに、大学の落語研究会などのサークル活動で落語にハマり、卒業後に入門して、現在活躍しているという人も多くいます。

```
高校
 ↓         ↓
大学・専門学校   ↓
 ↓         ↓
師匠に弟子入り（入門）
 ↓
落語家
```

子どものころ

Q 小学生・中学生のとき、どんな子どもでしたか？

恥ずかしがり屋で、人前でしゃべるのが大きらいで、今とは別人のようでした。今も恥ずかしさは残っているのですが、木久扇師匠に「きみは恥ずかしがりすぎるのがいけない」と言われて、ほどよい恥ずかしがり屋になれたと思っています。

中学校・高校は一貫校に通ったのですが、中学生のときは学校がきらいでした。休んでばかりで勉強も追いつけていなかったので、勉強面でも苦労しました。唯一、体育は得意だった記憶があります。部活は野球部に入っていましたが、自分の自己肯定感を上げられるほどの活躍はできませんでしたね。このころから、自分が使う分のお金は親に頼らずにかせぎたいという気持ちが強くなり、事務所へ入ってモデルの仕事を始めました。

高校へ行ったら、いろいろなタイプの生徒が外から入ってきたためか、学校が大好きになりました。友だちと過ごすのがとにかく楽しくて遅刻も欠席もせずに通い、土曜日まで学校へ行っていたんです。勉強もするようになりました。今考えると、学校の環境とは、それほど大きな影響をあたえるものなのだなと思います。

中学校の部活で野球を始め、高校でも続けた。当時使っていた野球のグローブ。

林家木久扇師匠が始めた「木久蔵ラーメン」お披露目のイベント。入門したての林家希林さんも参加した（右から二番目）。

林家希林さんの夢ルート

小学校 ▶ 野球選手

野球選手になりたいと思っていた。

▼

中学校 ▶ モデル

有名になりたかった。そのためにモデルを目指すのもよいと思った。

▼

高校 ▶ 政治家の秘書

政治家にあこがれたので、まずは政治家の秘書になりたかった。

▼

大学 ▶ 落語家

大学2年のときに林家木久扇師匠に入門し、落語家になることを決めた。

中学校の卒業アルバムにのっている林家希林さん。このころ、モデルの仕事をしていた。

Q 子どものころにやっておけばよかったことはありますか？

自己肯定感の低い子どもだったので、もっと成功体験を積んでいればよかったです。小さなチャンスはたくさんあったはずなのに、自分でそれを選ばなかったんだと思います。

よかったことかはわかりませんが、相撲部屋で育ったのでいろいろなタイプの大人の言葉や態度に接してきました。案外子どもは、まわりの大人の言うことを聞いているものですよね。幼いころから社会経験を積んだためか、お金をかせぐ手段を考える習慣が身についたのかもしれません。

Q 中学のときの職場体験は、どこに行きましたか？

中学のときの体験の記憶はありません。小学校のときの「自分探しの旅」という取り組みは、よく覚えています。自分はどういう人間なのか、何を考えているのかを書き出していくというもので、4年生から6年生までかなりの時間を使いました。

そのなかでいろいろな職業を知ろうという課題もあり、台東区浅草の商店街に行って取材をしました。5〜6人の班に分かれて、浅草寺の近くの「ひさご通り」にあるお店を訪ねたんです。ぼくの班はめがね屋さんと時計屋さんに行き、お店の人に質問などをしました。

Q この仕事を目指すなら、今、何をすればいいですか？

「どうすればうまくしゃべれるようになりますか？」と聞かれたときは、とにかく発言すること、と答えています。人前で話ができるようになるには、経験を積んで慣れるしかありません。先生に「これわかる人？」と聞かれたら、まちがってもよいから手を挙げて話すことがいちばんの近道です。

そして、落語にたくさんふれてください。動画やDVDもたくさんありますし、近くに寄席があれば毎日やっています。地域のホールでも、よく開催されています。いろいろな落語を聴くと、同じ演目でも落語家によって全然ちがって、それぞれがよいという落語の魅力も味わえると思います。

Q お店での取材はどうでしたか？

お店の人や町の人と会話をすることで、あいさつができるようになったことはよかったと思います。下町の浅草ならではの体験になったかもしれませんね。

ただ、当時はまだ小学生でしたし、何のための取り組みなのかよくわかりませんでした。自分がやりたくてやることでなければ、本当には身につかないのではないでしょうか。中学生だったら、少しちがったかもしれません。

落語は、お客さん側が勉強する必要はありません
初めて聞く人が楽しめるように、ぼくらが合わせにいきます

－ 今できること －

ふだんの暮らし

落語は、世間の人間模様を語るもので、この世に完璧な人間はいないことを前提に、人間のさまざまな欲を肯定し、おもしろがる話芸です。落語にたくさんふれて、落語を聴くことを趣味のひとつにしましょう。

営業職で優秀な人や演説がうまい政治家に、落語好きが多いといいます。相手の心をつかむ応答をするには、落語がヒントになるかもしれません。古典落語もよいですし、新作落語なら大正時代以降から現代の社会のことを題材にしているので、より聴きやすくおすすめです。

国語　落語は、江戸時代の言葉の意味、数の数え方、時刻の考え方を知っていたほうがおもしろさがわかります。古典落語を音読してみるのもよいでしょう。

数学　落語には『壺算』『時そば』など、数学の要素をテーマにした噺もあるので基礎知識が必要です。例えば『時そば』は、単位が同じことを利用して相手をだます噺です。

社会　落語がもっとも流行した江戸時代に、庶民の暮らしぶりが折りこまれた作品が数多く誕生しました。歴史で江戸時代の町民の文化についてよく学びましょう。

英語　海外で落語を行うこともあります。英語も交えて噺をすると、現地の人たちと心を通わせることができます。

放送作家

Comedy Show Writer

チャビー
長崎周成さん
職歴10年目 32歳

お題
激ヤバ中華料理店
「○○はじめました」

おもしろい番組や
ライブの企画を考えて、
台本を書いています

テレビ番組の制作やお笑いイベントの開催には、企画を考えて台本を書く放送作家の仕事が欠かせません。自身も放送作家で、若手の放送作家が集まる会社、チャビーの代表をしている長崎周成さんに、お話を聞きました。

Q 放送作家とは どんな仕事ですか?

テレビやラジオ、インターネットなどの番組、お笑いライブの企画を考え、台本を書く仕事です。

テレビ番組の仕事の場合は、テレビ局からの要望に沿って企画書を出すことから始まります。「家族で見られるゴールデンタイムのバラエティー番組」や「インターネット配信もされる深夜番組」など、要望はさまざまです。企画が通らなかったらお金はもらえないので、放送作家には企画力が欠かせません。ぼくが得意としているのは、芸人さんが出演してトークするバラエティー番組の企画です。

企画が通ったら、番組の流れや出演者のセリフがわかる台本を書きます。「ここはもっとこうしたい」というディレクター※からの注文や相談を受けて、修正する、という作業を何度かくりかえし、台本が完成します。

ディレクターやカメラマン、出演者は、収録や生放送の前に台本を見て番組の流れを整理し、企画のねらいを外さないように注意しながら収録や放送を行います。ぼくは、収録や生放送に立ち会ったり、ディレクターが編集した映像を確認したりします。その後さらに、番組がよりおもしろいものになるようにナレーション原稿を書き、映像にのせるテロップについて提案をします。

放送作家にはお笑い芸人のネタを考える仕事を専門にしている人もいるなど、仕事の内容はさまざまです。ぼくが代表をつとめるチャビーには得意分野のちがう放送作家が集まっており、なかには動画の撮影や編集ができる人もいます。

長崎さんのある1日

08:00	仕事開始。メールチェック・返信作業
09:00	この日の会議の資料を準備する
10:00	会社の放送作家たちとリモート会議
12:00	ランチと昼寝
13:00	番組制作会社へ行って打ち合わせ
14:00	テレビ局へ行って会議に参加。その後番組の収録に立ち会う
20:00	放送作家仲間や仕事相手と食事
22:00	翌日の会議で出す企画を考える
24:00	仕事終了

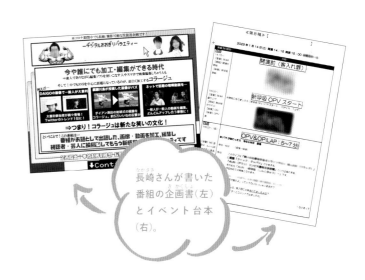

長崎さんが書いた番組の企画書(左)とイベント台本(右)。

放送作家の仕事の流れ (テレビ番組の収録の場合)

❶ 番組プロデューサーから仕事を依頼される

番組制作を統括するプロデューサーから「こんな番組をつくりたいので内容を考えてほしい」と依頼される。ゼロから考えることもあれば、テーマが決まっていることもある。

❷ 情報収集をして企画書を書く

世の中の動きや流行をチェックし、番組側の要望に合う企画の種を探す。集めた情報をもとに、番組の内容をまとめた企画書を書く。番組制作者が集まる会議に参加し、企画を説明する。

❸ 番組の会議に出席する

企画が通ったら、その番組をつくるスタッフの会議に出席する。スタッフと意見を出し合い、企画をよりよいものにする。出演者や取材先などの具体的な案についても話し合う。

❹ 台本を書く

企画内容に合わせて台本を書く。台本には番組全体の流れや場面の設定、出演者のセリフなどを細かく記す。台本に沿って、撮影、美術、衣装などの専門スタッフとも打ち合わせをする。

❺ 番組の収録に立ち会う

ディレクターが取り仕切る収録の現場を見守り、収録した番組の映像に合わせてナレーション原稿を書く。後日、放映された番組をチェックして反省点を話し合う場合もある。

用 語 ※ ディレクター ⇒ 番組などの制作現場の責任者として番組の本番の進行を取り仕切り、スケジュール管理や映像の編集などを行う仕事。

仕事の魅力

Q どんなところがやりがいなのですか?

好きなこと、やりたいことをかたちにできるところです。

「やりたいことを仕事にする」というと、芸人など表に出る職業をイメージする人が多いですが、例えば鉄道が好きな芸人がいたとして、彼らに必ず鉄道の仕事が来るとは限りません。でも放送作家なら、いろいろなところで鉄道番組の企画を出し続ければ、いつかは通るものです。

反対に、「鉄道芸人」として有名になるとその仕事ばかりになってしまいますが、ぼくたちはそのときに興味のあることを何でも企画として出すことができます。そのような意味で、ぼくは好きなことができるこの仕事は、いい仕事だと思います。

企画書を執筆中の長崎さん。「日ごろ思いついたおもしろいことをたくさんためておいて、ぴったりと思う企画に活かします」

取引先の担当者と打ち合わせをする。チャビーには、さまざまな会社や個人から「知恵をかしてほしい」と相談がくる。

Q 仕事をする上で、大事にしていることは何ですか?

つねに「少し余裕がある」状態でいることを大事にしています。いそがしいのはありがたいことですし、仕事は大好きなのですが、いそがしすぎると、目の前の仕事をこなすだけになり、考える時間がなくなってしまいます。

この仕事を始めて3年目のころ、年末に特別番組とレギュラー番組を合わせて25本くらい同時に担当したことがありました。自分が何をやりたいのか、何が好きなのかがわからなくなってしまい、これはまずいな、と思いました。この経験から、仕事をつめこみすぎないようにしています。

「ここもオフィスの一角です。疲れたらヘッドスパマシンでリフレッシュします。このまま寝てしまい、目が覚めたら宅配業者が目の前にいたことがあります」

Q なぜこの仕事を目指したのですか?

中学時代にたまたま深夜ラジオを聴いたとき、出演者である芸人以外にも笑い声がしているけれど、これはだれなんだろうと思ったことがありました。調べて、放送作家という仕事の存在を知り、興味をもったんです。翌日学校で友人に聞いてみても、その仕事を知っている人はおらず、塾の先生に聞いたことで、仕事内容が何となくわかりました。

ぼくは関西出身でお笑いが好きだったので、そのころは芸人になりたいと思っていました。でも、おもしろいことを考えるのが好きだし、芸人よりもこちらが向いているかもしれないと考え、放送作家にもあこがれるようになりました。友だちが知らない職業を自分だけが知っていて、それになろうとしている、というわくわく感もありましたね。

用語 ※ AD ⇒ アシスタントディレクター。撮影前の取材の交渉や場所の手配、収録当日の出演者やディレクターのサポート、かたづけなど、テレビ番組をつくるためのあらゆる作業をする。

Q 今までにどんな仕事をしましたか？

高校生から大学を卒業するまでは芸人でした。高校2年生のときに同じ部活の友人とコンビを組んで、お笑いの大会に出たり部活の後に劇場でライブをしたりしていました。

大学卒業後はテレビ番組の制作会社に就職してAD※になりましたが、すぐにやめてフリーランスの放送作家になりました。28歳のとき、当時、コンビを解散したての芸人だったフワちゃんとYouTubeのチャンネルを立ち上げ、翌年にチャビーという放送作家が所属する会社をつくったんです。

今は、得意分野のちがうメンバーどうしで切磋琢磨しながら、放送作家が何人もいるという強みを活かして、数名で力を合わせる大型企画などにも挑戦しています。

過去に7回開催された『AUN〜コンビ大喜利王決定戦〜』は、長崎さんが発案したライブ企画だ。コンビで大喜利※を競い、優勝者を決定する。

Q 仕事をする上で、難しいと感じる部分はどこですか？

仕事を始めたばかりのころはとにかく収入がないので、そこが難しいと感じる人が多いと思います。ぼくも1年目は、放送作家としての収入はゼロで、アルバイトをしてしのいでいました。先輩の仕事ぶりを見ては自分の実力のなさを痛感し、落ちこむ日々でしたが、若いときのそういった経験は後でおもしろエピソードとして語れるので、その状況を楽しんだほうがいいと思います。

また、放送作家の仕事は地味な部分が多いです。芸能人とそれほど近い場所で働けるわけでもないので、はなやかな世界を期待していると「思っていたのとちがって続けるのは難しい」と感じる人もいるかもしれません。

Q この仕事をするには、どんな力が必要ですか？

まわりに理解されなくても、自分の好きなものを好きでい続ける力です。何かひとつ「飛びぬけて興味関心があること」があると、放送作家としての武器になります。実際にぼくが知っている放送作家に、デパートがとにかく好きでくわしい人、栄養学や筋肉にくわしくてボディビルダーとしても活動している人などがいます。

放送作家を目指す人間はたいていお笑い好きなので、お笑いにくわしい人はいくらでもいます。それ以外に強みがあると、企画のはばが広がりますし、仕事の依頼もきやすくなります。しかも、「理解できない、気持ち悪い」と言われるほどマニアックなジャンルの方がおもしろがられる傾向があるので、今大好きな何かがある人は、「周囲に理解されない」ことを理由にそのことをあきらめないほうがよいです。

・ ノートパソコン ・

・ ヘッドスパマシン ・

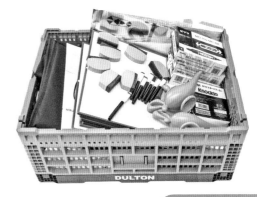

・ イベント制作箱 ・

PICKUP ITEM

企画書を作成して関係者へ送ったり、オンライン会議をしたりするのにノートパソコンが欠かせない。リラックスしてよい発想を得るために、頭をマッサージするヘッドスパマシンを会社に置いている。イベント制作箱には、番組やイベントでフリップとして使うホワイトボードなどが入っている。色鮮やかな名刺入れは長崎さんこだわりの一品。

・ 名刺入れ ・

用語　※ 大喜利 ⇒ 司会者が出す「お題」に対し、参加者がおもしろい回答をする出し物。

毎日の生活と将来

Q 休みの日には何をしていますか？

仕事が大好きなので「休みの日」をきちんと設定はしていませんが、時間をつくって料理をします。料理は家事のなかでいちばんクリエイティブ（創造的）な作業なので、好きですね。じつは、調理師免許ももっているんですよ。

お店でおいしい料理に出合うと、材料と調理法を考察して、メモして帰ります。そして自宅で可能な限り再現して、お店で食べたときのおいしさに近づける、ということにハマっています。おいしくできたら、友人にごちそうします。

「"鮭めんたいのクリームパスタ"です。大きめの具材をたっぷりのせた、友人たちにも好評の一品です」

オフィスにつくったゲームコーナーで、スタッフはいつでも気分転換にゲームができる。「対戦格闘系のゲームをよくやります」

Q ふだんの生活で気をつけていることはありますか？

身だしなみを整えることです。清潔感は、人に好印象をもってもらうために大切な要素だと思うからです。芸人や放送作家を目指す若い人に会ったとき、もっと外見に気をつかえばよいのにと思うことがあります。身だしなみは、仕事をしてある程度の収入を得られたら最初にお金を使うべきところだと思っています。

また、仕事の先輩などに会ったときには「最近、おもしろいと思ったもの」「今夢中になっているもの」をふくめ、最低10の質問をするように心がけています。質問力は企画力の向上につながりますし、人が何かに熱を上げている話を聞くと、元気をもらえるからです。

時間	月	火	水	木	金	土	日
05:00〜07:00	睡眠	睡眠	睡眠	睡眠	睡眠	睡眠	睡眠
09:00	メールチェック	メールチェック	メールチェック	メールチェック	メールチェック	メールチェック	メールチェック
11:00	作家たちとリモート会議	会議の資料準備	会議の資料準備	移動	作家たちとリモート会議	会議の資料準備	会議の資料準備
		移動	移動	動画撮影準備		移動	
13:00	ランチ	ランチ・昼寝	ランチ・昼寝	ランチ	ランチ・昼寝	ランチ・昼寝	ランチ・昼寝
	移動	配信会社と打ち合わせ	プレゼン資料作成	プレゼン資料作成	移動		
15:00	番組制作会社と打ち合わせ	企画書を書く		YouTube動画の撮影	仕事の問い合わせに対応	YouTube動画の映像チェック	お笑いイベントの台本を書く
17:00	テレビ局で会議・番組の収録立ち会い	番組制作会社と打ち合わせ	企画のプレゼン		台本を書く	お笑いイベントの企画を考える	
19:00		会食の後、帰宅		番組制作会社と打ち合わせ	テレビ局で番組の会議に出席		
21:00	仕事相手と食事の後、帰宅		放送作家仲間と食事の後、帰宅	仕事相手と食事の後、帰宅	放送作家仲間と食事の後、帰宅	仕事相手と食事の後、帰宅	
23:00	企画を考える	ナレーション原稿を書く	企画を考える	企画書を書く	台本を書く	企画を考える	休み
03:00〜05:00	睡眠	睡眠	睡眠	睡眠	睡眠	睡眠	

長崎さんのある1週間

テレビ番組だけでなく、大手配信事業会社のYouTube動画やライブイベントの企画なども手がけているため、とてもいそがしい。ほとんど休みなく働く毎日だ。

Q 将来のために、今努力していることはありますか?

英会話を勉強しようと思っています。英語ができた方がいい、というのはわかっていましたが、学生時代はとにかく英語が苦手で、あきらめていました。2023年には仕事で数回海外へ行ったのですが、アメリカの入国審査で「fruits」が聞き取れず、あせりました。これまで入国審査で聞かれたことのない質問で想定外だった部分はありますが、後でわかったときに「自分はこんな簡単な言葉も聞き取れないのか」とショックを受けました。

海外との仕事が増えてきているので、自分がおもしろいと思っている部分を、通訳を通さないできちんと自分の言葉で海外の人にも説明したいですね。そろそろ本気で取り組みたいです。

「ぼくの著書『それぜんぶ企画になる。』(左右社)です。自分のこれまでの歩みと仕事の仕方を紹介しました」

大手配信事業会社 Netflix の仕事で、YouTube 動画の企画を担当した。「Netflix の仕事には、チャビー所属の作家が6人参加しています」

Q これからどんな仕事をし、どのように暮らしたいですか?

もともとは30歳くらいまでに十分にお金をかせいで、働くことをやめようと思っていました。その後は、南の島でハンモックに揺られながら、ときどきタブレットを操作して株の売り買いをしてお金を動かす……ぼんやりとそんな未来を思い描いていたんです。だから、20代の間はがむしゃらに仕事をしました。

けれど、実際に30歳になってみると、仕事がおもしろすぎてとてもじゃないけれどやめられません。会社をつくったことで仲間が増えたり、自分がやりたいことができる環境が整ったりしたことも大きいですね。ぼくは今、本当にこの仕事が楽しく、天職だと思っているので、10年後、20年後も今と変わらない仕事と生活をしていると思います。

放送作家になるには……

必須の学歴や資格はありませんが、放送系の専門学校や大学の学科で番組づくりの基礎を学んだり、放送作家を養成する講座で台本のつくり方を勉強したりする人が多いようです。その後、テレビ局や番組制作会社に就職して企画力や提案力をみがく道筋が一般的ですが、今は、SNSを使って放送作家へ直接企画案を送り、熱意を示して弟子入りするなども可能になっています。

```
        高校
     ↓        ↓       ↓
    大学    専門学校
     ↓        ↓       ↓
テレビ局や番組制作会社、放送作家事務所に就職
```

子どものころ

Q 小学生・中学生のとき、どんな子どもでしたか？

中学校ではサッカー部に入り、部活に打ちこんでいましたが、それ以上に深夜ラジオにハマっていて、ふとんのなかでこっそり聴いていました。

通っていた中学校がとても厳しかったので、学校はきらいでした。理不尽に思うことがたくさんあり、あるとき「これはおかしい」と感じて、怒られない程度に、大人の言うことを聞かなくなりました。勉強も好きではなく、ほとんど勉強しませんでしたね。そもそもぼくは、勉強する理由がわからなくて先生を問いつめるような生徒だったんです。

ちゃんとした答えをもらえたのは高校生になってからでした。担任の先生に「知識の量が多ければ多いほど、『なぜおもしろいのか』に気づけるから、将来おもしろいことをしたいのだったら、勉強はしておいた方がいい」と言われ、初めて納得できました。

友人との出会いには恵まれていたと思います。中学校のときにクラスでいちばんおもしろいと思ってよくしゃべっていた友だちが今、カナダでコメディアンをやっています。高校のときにコンビを組んで芸人活動をした相方は、今もプロの芸人をしています。今思うと、中学・高校で出会ったおもしろいヤツは、本当におもしろい人間でしたね。

中学時代に、クラス会で集まったときの写真。長崎さんは右から3番目。

長崎さんの夢ルート

小学校 ▶ 芸人

住んでいた地域ではお笑い芸人をテレビで見ることが多かったので、芸人にあこがれた。

▼

中学校 ▶ 放送作家

ラジオを聴き、放送作家という職業を知った。

▼

高校 ▶ 芸人、放送作家

将来を、芸人と放送作家で迷っていた。友だちとコンビを組んで活動していたので、芸人により魅力を感じた。

▼

大学 ▶ 放送作家

放送作家になろうと決めた。

中学3年生のときの長崎さん。「このころ、放送作家という仕事の魅力を知りました」

Q 子どものころにやっておけばよかったことはありますか？

本音を残しておけばよかったです。当時の自分の作文や感想文、美術の絵の課題などを改めて見ると、全然おもしろくありません。親や先生の評価ばかりを意識して、そのときの本音が表されていないと感じます。そのように本音を表現しないことに慣れてしまったので、大人になったときに「自分はどういう人間なのか」がはっきりしなくて困りました。今の仕事で、自分や自分の好きなものがはっきりしている芸人と接すると、きらきらと輝いて見え、魅力的に感じます。

Q 中学のときの職場体験は、どこへ行きましたか？

1週間ほど、社会福祉士の方がいる介護施設に行きました。体験先のリストを親に見せて相談したところ、すすめられたのでそこに行った記憶があります。リストにはチョコレート工場などもありました。

施設では、掃除や、子どもでもできるような介護の仕事を手伝わせてもらったり、業務の内容について話を聞いたりしました。

Q 職場体験ではどんな印象をもちましたか？

業務内容の話のなかで、吐しゃ物や排せつ物の処理も仕事だと聞き、衝撃的でした。それ以外にも大変そうなことが多く、自分にはこの仕事はできない、と思ったのを覚えています。この仕事をする覚悟が自分にはもてないと感じました。

中学生だった自分にとって、介護の仕事はなじみがうすく、また「人を救う」というと、壮大なことだという気がしていました。けれども介護の現場を実際に見て、こんなに直接的に人を救う仕事があるのだと知ることができました。いい経験になったと思います。

Q この仕事を目指すなら、今、何をすればいいですか？

この仕事で大切なのは、いかに多くの情報や知識を日ごろから得ているかです。見ることや体験すること、とにかくできそうなことには何でも挑戦してみてください。その一環として、うちの会社を訪ねてみてくれても構いません。

放送作家になるのに学歴は関係ありません。高卒で活躍している人もたくさんいます。また、おもしろいことやお笑いは好きだけれど芸人みたいに表に出るのは好きではない、という人も、放送作家には多いです。その分、あまり知られていない職業なので、学生のうちからこの仕事を目指していろいろなことをやっておくと、将来、差が出ると思います。

放送作家の仕事は今、需要があります
穴場です
若いみなさんにぜひ挑戦してもらいたいです

－ 今できること －

ふだんの暮らし

作文や読書感想文を書くときに、読む人を楽しませる文章を書くことを心がけ、文章力をみがきましょう。また、数多くの文芸・映像作品にふれ、さまざまな経験をして、企画力の源泉となる知識を増やすことが大切です。自分の好きなもの・ことを中心に、興味を広げていくのがコツです。

また、学校の放送委員会や放送部に参加してみましょう。NHK杯全国中学放送コンテストの「テレビ番組」「ラジオ番組」の部門に挑戦するのも、よい経験になります。

国語 「話す力」「書く力」「聞く力」をのばしましょう。読書習慣をつけて、語彙を増やすことも大切です。

社会 テレビなどのエンターテインメント業界では、つねに時代を先取りしています。歴史を学ぶとともに、ニュースなどを見て次の流行を予測する力をつけましょう。

音楽 お笑いライブや番組の企画・内容に関して、視聴者を飽きさせないために音楽の知識も役立ちます。ジャンルごとに、有名な曲やフレーズを覚えましょう。

英語 海外の会社と仕事をする機会もあります。まずは基礎的な単語を使って会話ができるようになりましょう。

お笑いライブの
制作会社スタッフ

Staff of Comedy Live Production Company

K-PRO
濱田綾佳さん
入社9年目 29歳

芸人さんとともに
お笑いの楽しさや
わくわく感を
お客さんへ届けます

お笑い芸人たちが劇場で観客を前に芸を披露できる、お笑い専門のライブがあります。K-PROは、多くの若手芸人が出演するライブの運営を行うイベント制作会社です。スタッフとしてたくさんのライブを運営する濱田綾佳さんに、お話を聞きました。

Q お笑いライブの制作会社スタッフとはどんな仕事ですか？

芸人さんが出演するお笑いライブを企画し、開催する仕事です。私が働くK-PROでは、自社で拠点としている都内の劇場をおもな会場とし、ライブを月に約100本行っています。

仕事は、漫才やコント、トーク、大喜利など、ライブで行う内容を考えたり、出演してほしい芸人さんの所属会社と出演交渉したり、ポスター作成などの宣伝活動をしたり、チケットを準備したりなど、はば広いです。ライブ当日には、会場でお客さまと出演者を案内する仕事や、ネタ（演目）の内容に合わせて音楽や効果音を流す音響などを担います。サポートスタッフも来てくれますし、舞台で使う映像は専門の方に制作してもらいますが、仕事の大半は、社長と6人の社員で手分けして行います。

ライブは、平日には日に3本程度、週末には4つの会場を使って12本程度を行います。K-PROでは、新人の芸人さんが出演するオーディションライブから、テレビで活躍している芸人さんを何組もよんで数千人のお客さんが入る会場で行うものまで、さまざまなライブを主催しています。およそ3か月に1回、大規模なスペシャルライブを行うので、その成功を目標にしながら毎日のライブの企画・制作と運営にあたっています。

ライブ以外にも、K-PROに所属する芸人のマネジメント※業務も行っています。所属芸人がテレビ番組に出演する場合はマネージャーとして同行したり、関係者に所属芸人の売りこみをしたりすることもあります。

濱田さんのある1日

時刻	内容
11:00	出社。メールチェック、この日にやることの確認
12:00	ライブ開催の告知をSNSに投稿する
13:00	ランチ
14:00	芸能事務所へライブの出演交渉
15:00	劇場（西新宿ナルゲキ）に入る
16:30	ライブを行う（1日3本開催）
22:00	事務所にもどり、この日のライブの事務処理をし、翌日以降の作業を確認する
23:00	退社

K-PROが拠点にしている劇場「西新宿ナルゲキ」。座席数は155。ここでほぼ毎日、お笑いライブが行われる。

K-PROが主催するお笑いライブ

● オーディションライブ

プロ・アマチュア関係なく、参加費を払えば芸人として舞台に立ちたい人がだれでも参加できるライブ。K-PROへ出演希望のメールを送れば、出演できる。

● バトルライブ

オーディションライブで評判のよかった数十組の芸人が出演し、芸を競う。お客さんが投票して順位を決める。バトルライブにはいくつかの段階があり、勝ちぬいて上のクラスへ行くほど規模の大きなライブに出られる。

● 寄席ライブ・企画ライブ

何組かの芸人が出演し、コントや漫才でネタを披露する寄席形式のライブもある。K-PROがゲームコーナーやジェスチャーコーナー、大喜利などの企画を考え、芸人たちが企画に沿ってお客さんを楽しませる企画ライブもある。

● スペシャルライブ

3か月に1回、トップクラスの芸人が出演するスペシャルライブを開催する。K-PROの看板ライブで、大きなホールを借りて行うこともある。

用語 ※ マネジメント ⇒管理すること。芸能分野の場合は、芸人のスケジュール管理や現場でのサポート、出演や報酬の交渉などの業務にあたる。

仕事の魅力

Q どんなところがやりがいなのですか?

　ライブに出演していた芸人さんが有名になっていくようすや、賞レースで優勝して売れていく姿を間近に見られるところです。テレビでよく見る芸人さんのなかに、観客が数人だけのライブに出ていたころからいっしょにやってきた方が何人もいます。彼らに「K-PROのライブには感謝しています」と言ってもらえると、やっていてよかったと思います。

　私たちが行うライブより大きなライブはたくさんありますが、どれだけ有名になっても、半年にいちど行うK-PRO最大のライブに「お世話になったから」と必ずスケジュールを空けて出演してくれる芸人さんもいます。とてもありがたいです。

Q 仕事をする上で、大事にしていることは何ですか?

　観客が楽しめる空間と、芸人さんが「出てよかった」と思える環境をつくることを大事にしています。

　例えば、受付や案内の際には、お客さまのわくわく感を盛り上げられるように、明るく親切な表情や声のトーンを心がけます。また、芸人さんがやりたいと言ったことはできるだけ叶えるようにします。芸人さんのやりたいことで観客を笑わせることがお客さまの「また来たい」につながり、その反応のよさが芸人さんの「また出たい」につながるからです。

ライブ会場の受付をする。「お客さまを歓迎する温度感も、エンターテインメントの大切な要素だと思っています」

Q なぜこの仕事を目指したのですか?

　音楽や演劇、お笑いなど何かしら舞台に関わる仕事がしたいと思っていました。大学生になり、インターネットで何となく「舞台　スタッフ」と検索していちばん上に出てきたのが、K-PROのサポートスタッフの募集だったんです。

　スタッフ初日のことは今でも覚えています。初めてお笑いライブを見たのですが、芸人さんが何か言うと観客が笑うという生のやりとりが目の前で行われ、とても新鮮でした。そのときから、会社の創業者でもある児島気奈代表にライブに関する多くのことを教わりました。代表は子どものときからお笑いが好きで、ご自身も芸人をやっていたという人です。そんな代表のお笑いへの思いにふれながらスタッフをするうちに、卒業後もここで働こうと思うようになりました。

Q 今までにどんな仕事をしましたか?

　大学1年生のときにK-PROでサポートスタッフを始めてから、ずっとこの仕事をしています。学生のころは、ライブ当日の会場での仕事がメインでしたが、社員になってからは各芸能事務所との出演交渉などもふくめ、ライブを企画する最初のところから関わるようになりました。

　印象的だった仕事は、収容人数2500人の会場でのライブです。スタッフのトップとしてすべてを取り仕切ったんです。いつもの何倍も大きな会場で、音響も照明も勝手がちがったので、関係する社員や業者さんとたくさん話し合いました。チケットは本番の前日に売り切れ、大成功しました。

K-PRO所属芸人「ねじれネジ」のふたりに、この日のネタの構成を確認する。照明や音楽のタイミングを合わせるために必要な聞き取りだ。

ライブ本番。舞台袖から照明担当や音楽担当のスタッフへいつでも合図を出せるよう、進行を見守る。

客席の後部にある音響設備の調整を担当することもある。「音響だけでなく、照明も担当します」

Q この仕事をするには、どんな力が必要ですか？

とっさの判断力です。ライブは、いつトラブルや変更が発生するかわかりません。そのときそのときで、最善策を判断することが重要です。例えばライブ中に地震や火事が起きたら、観客を安心させ、安全に誘導する必要があります。小さなトラブル、例えば芸人さんが遅刻している、コントに必要な小道具を忘れて舞台に出てしまった、などは日々発生します。予定通りに進行したことはいちどもないかもしれません。でも、それこそがこの仕事のおもしろさです。ですので、何事も楽しめる人、相手の気持ちを考えて動ける人がこの仕事に向いていると思います。

また、ライブの準備は数か月前から始まります。この日にライブを開催するには、いつチケットを発売するのか、いつまでに出演者を決め、会場を確保する必要があるのか、逆算して動くことが大切なので、計画性があることも大切です。

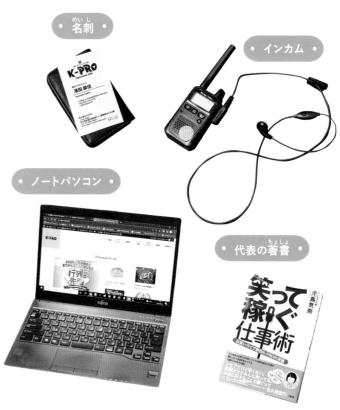

- 名刺
- インカム
- ノートパソコン
- 代表の著書

PICKUP ITEM

舞台は出演者、出演者の所属事務所、映像スタッフなど多くの人の協力でできあがる。関係を築くのに名刺が必需品だ。劇場内でのスタッフ間の連絡にはインカムを使う。関係者とのあらゆる連絡にはノートパソコンが必須。K-PRO代表の著書も、会社の説明や所属芸人の売りこみに役立つ。

Q 仕事をする上で、難しいと感じる部分はどこですか？

新型コロナウイルス感染拡大時のライブ運営は、とても大変でした。観客の人数が制限され、出演者もマスク着用、漫才はマイクをはさんで1.5m以上あけて立つなど、多くの規制があるなかで、お客さんも芸人さんも楽しめるよう、ライブの質を落とさないことに苦心しました。マスクごしで声が聞こえづらい上に、客席での会話が禁止となったために笑い声もないライブは、今思い出してもつらいですね。

結果的に配信ライブという新しい形式が生まれ、お笑いを見る手段がひとつ増えたことはよかったのかなと思います。

毎日の生活と将来

Q 休みの日には何をしていますか？

ライブは土・日・祝日の開催が多いので、基本的に私の休みは平日です。ライブで地方に遠征をすることもよくあるので、翌日を休みにしておいて観光することもあります。

お笑い以外の舞台鑑賞やスポーツ観戦、テーマパークに行くことも多いです。場の雰囲気のつくり方や、ポスター、電光掲示板の工夫など、ジャンルがちがっても勉強になることが多く、趣味と仕事と半々の気持ちで楽しんでいます。

仕事が終わった後に友人とご飯を食べるオフタイムも、私にとって休日と同じくらい大切です。本音のおしゃべりをたくさんして、次の日への力にしています。

「K-PROのライブへ、私の友人たちが観にきてくれました！」（左端が濱田さん）

「埼玉県所沢市のベルーナドームへ、野球観戦に行きました。大声を出して応援すると、気持ちいいですね」

Q ふだんの生活で気をつけていることはありますか？

仕事でもふだんの生活でも、時間を守ることを心がけています。とくに仕事では、お客さまや出演者、スタッフなど関わる人の数が多く、しかも相手を動かす役割なので、信頼の基盤となる「時間厳守」は大切です。

例えば、ライブの開始時間はお客さまとの約束の時間だと考えているので、こちら側の都合でおくれることなく定刻で開始するように努力します。ただ、もっとも優先すべきなのはお客さまに楽しんでもらうことです。電車の遅延でお客さまの多くが会場に到着していないというようなときは、臨機応変に対応します。この心がけは、友人や家族との約束でも同じです。

濱田さんのある1週間

	月	火	水	木	金	土	日
05:00							
07:00		睡眠	睡眠	睡眠	睡眠	睡眠	睡眠
09:00							
11:00			出社 劇場入り			出社 劇場入り・リハーサル	
13:00		出社	出社 劇場入り	出社 リモート会議	出社	ライブ1運営	出社
		昼休憩	出演者と内容確認	昼休憩	昼休憩	ライブ2運営	
15:00		劇場入り・リハーサル	ライブ1運営	メールの返信やスケジュール確認	メールの返信やスケジュール確認	昼休憩	ライブ打ち合わせ
17:00	休日	ライブ1運営	犬の散歩（当番）	スタッフの面接	打ち合わせ	ライブ3運営	昼休憩 犬の散歩（当番）
19:00		ライブ2運営	ライブ2運営	劇場入り	別事務所のマネージャーと食事	ライブ4運営	劇場入り
21:00		ライブ3運営	ライブ3運営	ライブ1運営			ライブ1運営
23:00		かたづけ・退館 事務所で反省会	かたづけ・退館 事務所で反省会	かたづけ・退館 事務所で反省会	事務所へもどる 翌日の準備	所属芸人とテレビ局へ同行、打ち合わせ	かたづけ・退館 事務所で反省会
01:00		退社・友人と食事	退社	退社・友人と食事	退社		退社・友人と食事
03:00		睡眠	睡眠	睡眠	睡眠	睡眠	睡眠
05:00							

金曜日以外はライブ運営に関わり、1日にいくつもライブを行った。夜間にもライブがあるので、おそい時間に帰宅し、翌日の昼ごろに出社する。

将来のために、今努力して
いることはありますか？

友人との関係をもち続けられるよう、努力しています。小学校から大学まで、それぞれの学校の時代の友人がいて、私は彼女たちが大好きです。ライブが終わった後の深夜に待ち合わせて、食事をしながら仕事で大変だったことなどをおしゃべりします。そのような友人がいることには、本当に救われますね。この仕事を長く続けていくためにも、友人との息抜きの時間を大切にしたいです。

また、お笑いだけでなくさまざまな舞台のことに興味をもって、最新技術や流行の情報にのりおくれないようにしています。演劇など、一見お笑いとは関係がなさそうな舞台でも、ちょっと変えれば演出に使えそうなど、ライブをつくる上でのヒントになることはとても多いからです。

K-PROでは犬を飼っている。「名前はチャッティーです。マスコットとしての役割をよくわかっているかしこい子です！」

劇場入り口の広告ケースにライブのポスターを貼るのも、大切な仕事だ。

Q これからどんな仕事をし、
どのように暮らしたいですか？

お笑いライブを全国各地で開催し、生で見るお笑いの楽しさをもっと多くの人に感じてもらえるようにしたいです。K-PROでは、東京以外だと大阪、名古屋ではひんぱんにライブを行っていますが、お笑いライブという文化が浸透していないところも多いです。劇場でなければできない、というような枠組みを自分で決めてしまわずに、芸人さんの活躍の場がもっと広がるように挑戦していきたいです。

お笑いライブというと、本当にお笑いが好きな人が行くもの、というイメージがあると思いますが、私の夢は、家族の楽しみとして、あるいはカップルがデートで、お笑いを観に行こうか、と誘い合う世界です。お笑いライブを映画やショッピングと同じくらい身近なものにしたいです。

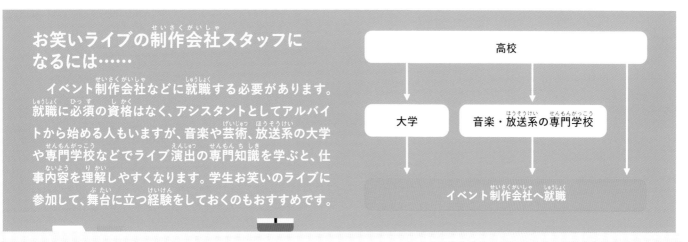

お笑いライブの制作会社スタッフに
なるには……

イベント制作会社などに就職する必要があります。就職に必須の資格はなく、アシスタントとしてアルバイトから始める人もいますが、音楽や芸術、放送系の大学や専門学校などでライブ演出の専門知識を学ぶと、仕事内容を理解しやすくなります。学生お笑いのライブに参加して、舞台に立つ経験をしておくのもおすすめです。

高校
↓
大学 ／ 音楽・放送系の専門学校
↓
イベント制作会社へ就職

子どものころ

Q 小学生・中学生のとき、どんな子どもでしたか？

　小学生のころは、書道、水泳、ピアノ、ダンスなど週7日習い事をしていました。やりたいことを習っていたら増えていったのですが、毎日何かを学べてとても楽しかったです。

　中学校ではソフトテニス部に入りました。テニスコートがない学校でしたが、コートのない学校でも大会で勝つということを目標に、できることを考えて練習していました。部員が100名おり、自分たちでお金を出し合ってコートを借りて練習したほか、強豪校の練習を見に行ったり、体育館が空いている日はバレーボールのコートをテニスコートに見立てて練習したりと、みんなで知恵を出し合うのも楽しかったです。結果的に、県大会まで進むことができました。

　習い事をたくさんさせてもらった経験や、どうやってテニスを練習するか毎日仲間と話し合った経験は、楽しいことを自分で見つけに行く姿勢や多くの人と関わる上でのコミュニケーション能力として、仕事に活きていると感じます。

　勉強はまじめに計画的にやるタイプで、授業のノートはしっかりとり、定期試験の2週間前から予定を立ててテスト対策の勉強をしていました。社会の先生がわかりやすい授業をしてくれたこともあり、歴史が好きでした。

ソフトテニス部の仲間と。
（右から3番目が濱田さん）

中学生のとき、友だちとその場で撮れるシール写真を撮ってよく遊んだ。

濱田さんの夢ルート

小学校 ▶ とくになし

将来についてあまり考えていなかった。

▼

中学校 ▶ スポーツ関係の仕事

テニスが好きで、関わる仕事がしたかった。

▼

高校 ▶ 芸能関係のマネージャー

お笑いの世界を少しずつ知っていき、芸能界に関わる仕事をしたいと思った。

▼

大学 ▶ お笑いライブ制作

K-PROでスタッフとして働き始め、将来の仕事になるだろうと思った。

Q 子どものころにやっておいてよかったことはありますか？

　書道は習っていてよかったです。字がきれいだと、その人への信頼度が上がると感じるからです。仕事上、ささっとメモを書いて人に指示を出すことがありますが、急いで書いた字がきたなくて読みまちがえられ、トラブルになることもあるので、字がきれいにこしたことはないと思います。

　反対にやっておけばよかったのは、当時のお笑い番組を観ておくことです。芸人さんや後輩社員と話しているときに、お笑いに関する知識の少なさを感じることがあるからです。

濱田さんが子どものころに流行っていたお笑い番組が特集された雑誌の切りぬき。「K-PRO代表の児島の持ち物です。私もこのころから、お笑いにハマっていればよかったです」

Q 中学のときの職場体験は、どこへ行きましたか？

中学1年生のときに3日間小学校へ行き、友人数名と用務員さんの仕事を体験しました。事前に興味のある職業についてのアンケートがあり、体験先が決まりました。

親が学校の先生だったこともあり、私は「先生」の体験がしたかったのですが、行ってみたら用務員体験でした。ほかの学校に体験に行った友だちもいて、そこでは小テストの丸つけなど教師の職場体験をしたそうなので、私の体験先が特別だったのかもしれません。

Q 職場体験ではどんな印象をもちましたか？

廊下や校庭の落ち葉の掃除をしたほか、用務員さんと校内をまわりながら、「子どもたちが安全に過ごせるようにこうしているんだよ」と工夫を教えてもらいました。私たちが快適な学校生活を送れるように、裏でこんなにいろいろなことをしてくれていたと初めて知り、感激しました。

思いがけず用務員さんの体験をすることになり、当時は少しがっかりしていた部分もありました。でもこのとき知った「裏でだれかを支える縁の下の力持ち」という存在の大きさが、私が仕事で目指すものにつながっている気がします。

Q この仕事を目指すなら、今、何をすればいいですか？

生配信や動画などで気軽にお笑いにふれられるので、たくさんお笑い番組やライブを観ておくことをおすすめします。

楽しいと思うことに全力で取り組むことも大切です。そのときに相手を楽しませる視点ももてたら、さらによいです。ライブでは、いちど劇場内の電気を消し、音楽のボリュームを上げながらスタートします。お客さまにわくわくしてもらうための演出のひとつひとつが、よいライブをつくります。

好きなことをするとき、例えば歌うことが好きなら聴く人のことを、マンガを描くのが好きなら読む人のことを考えながら取り組むと、「人を楽しませる楽しさ」に気づけると思います。

お客さんと芸人さんが「絶対にまた、ここへ来たい」と思えるライブづくりを続けます

－ 今できること －

ふだんの暮らし

テレビや動画、できれば劇場に足を運んで、お笑いライブを観ましょう。漫才やコントを観て魅力的なお笑いを研究することはもちろん、会場の雰囲気をつくる音響や照明に目を向けてみることもよいでしょう。

また文化祭や体育祭などの学校行事は、運営委員会が中心となって行われます。運営委員の経験も、この仕事の役に立ちます。委員として、クラスメイトやほかのクラスや学年の代表者との協力の仕方を考えることもよい勉強になるので、積極的に挑戦しましょう。

国語

ライブ制作では観客や芸人など、多くの人とコミュニケーションをとります。学習発表の際には話す速さや声量に注意し、伝わりやすい話し方を身につけましょう。

美術

ポスター制作の課題では、伝えたい内容を多くの人に伝えるために、かたちや色彩などの効果を考えて表現の構想を練りましょう。宣伝活動に必要な力です。

音楽

音楽の表現や鑑賞の授業を通じて、音や音楽への興味・関心を養いましょう。BGMや効果音などの音の効果を把握しておくと、ライブづくりの際に役に立ちます。

技術

ライブの運営管理にはパソコンの操作が必須です。基本的な操作ができるようにしましょう。

ラジオ番組ディレクター
Radio Program Director

ニッポン放送
野上大貴さん
入社9年目 31歳

人気番組
「オールナイトニッポン」
などの制作現場を
まかされています

ラジオは、電波を利用して放送局から送られる音声放送で、報道番組や音楽番組、トーク番組などがあります。ニッポン放送でトーク番組のディレクターをしている野上大貴さんに、お話を聞きました。

Q ラジオ番組ディレクターとはどんな仕事ですか？

私はニッポン放送という会社で、ラジオ番組を制作するディレクターをしています。現在担当している生放送番組は、お笑いコンビのトーク（しゃべり）で構成する『ナイツ ザ・ラジオショー』『霜降り明星のオールナイトニッポン※』です。

ラジオ番組で司会進行役をつとめる人を、パーソナリティとよんでいます。トークで構成する番組の魅力は、たっぷりある放送時間のなかで、深く、パーソナリティの本音に近い話が聴けることです。生放送では、出演者とリスナー（聴く人）が同じ時間を共有する感覚が得られますし、リスナーのメールなどが読み上げられることで、やりとりも楽しめます。

ディレクターのおもな役割は、番組が問題なく放送されるように現場をまとめることです。コーナーを仕切ったり、話の長さを調節したりしながら、番組を進行します。また、ラジオ番組の制作・放送にはお金がかかるので、サポートしてくれるスポンサーも必要です。そのため番組ではスポンサーのコマーシャル（CM）を放送しています。番組のなかで確実にCMを流すのも、ディレクターの重要な仕事です。

新番組をつくるときは、まず企画を担当する部署で、だれをパーソナリティにしてどんな番組をつくるか、いつ・どの時間帯に放送するかを決めます。次に、番組の責任者であるプロデューサーがパーソナリティに出演交渉をして承諾を得ます。それから、放送作家（構成作家）が番組の内容を考えて企画を立てます。多くの場合、ディレクターはここから参加し、番組の細かな構成などを決めていきます。

野上さんのある1日

17:00	出社。メールチェック・連絡作業
▼	
18:00	番組のSNS公式アカウントに情報を投稿する。放送作家と当日の番組の内容を確認する
▼	
20:00	食事
▼	
21:00	原稿チェック、リスナーからの投稿メールチェック
▼	
23:00	スタジオの準備と音声チェック
▼	
24:00	パーソナリティ到着。台本確認
▼	
25:00	ラジオ番組スタート
▼	
27:00	番組終了。スタジオ撤収とスタッフみんなでの反省会
▼	
27:30	事務作業をして退社

生放送中のスタジオ。野上さんは、ガラス窓の向こうにいるパーソナリティとゲストによる番組進行を管理する。

ラジオ番組にたずさわるスタッフ

● **パーソナリティ**

さまざまな情報をトークで伝え、台本に沿って番組を進行する。芸人や俳優、ミュージシャンなど有名人が担当するほか、ラジオパーソナリティとしてラジオ専門で働く人もいる。

● **ディレクター（野上さんが担当）**

出演者、スタッフに指示を出し、台本にもとづいて本番を進行する。ゲスト選びや出演依頼、曲選び、情報収集も行う。

● **放送作家（構成作家）**

番組の企画を考えたり、番組全体の構成を考えたりする。構成が決まったら、台本を作成する。番組の進行は、基本的に台本の通りに行われる。

● **ミキサー**

機材を操作して音質や音量レベルを細かく調整し、声や音楽を聴きやすい音にする。効果音やエコーをかけるなどの演出も行う。

● **アシスタントディレクター（AD）**

ディレクターのサポートをする。番組本番ではストップウォッチで時間を計り、トークやCMまでの残り時間をスタッフに伝える。

● **マスター担当**

スタジオとは別の場所から、ラジオ番組の音源をラジオ電波の発信所に送信する。スタジオのスタッフと密に連携して行う。

用 語　※ オールナイトニッポン ⇒ ニッポン放送の深夜のラジオ番組。曜日ごとにパーソナリティが変わる。

仕事の魅力

Q どんなところがやりがいなのですか？

自分がこだわったことやアイデアが番組で採用されて、リスナーに直接届き、その反響が得られるところです。

例えば、ディレクターは番組で曲をかけるかどうかを判断する役目がありますが、私が担当する芸人コンビ・霜降り明星の番組では基本的に曲をかけません。なぜなら、放送時間全部を使って、リスナーに彼らのしゃべりを聞いてほしいからです。つまり、そこが私のこだわりです。「しゃべりで勝負している番組」ということがリスナーに伝わり、SNSで反応がすぐにわかることが、やりがいにつながっています。

Q 仕事をする上で、大事にしていることは何ですか？

「ばかなふり」をしてやってみることです。数年前、ある日の放送前の打ち合わせで、霜降り明星から「名物コーナーを復活させて2時間しゃべり続けたい」という申し出がありました。経験豊富な上司からは「通常3分のコーナーを2時間やり続けるのは難しい」とアドバイスもありましたが、「いいな」と感じた自分は「何もわかっていないばかなふり」で、無茶とも思えるこの企画を通しました。

本番が始まると、ふたりのしゃべりは絶好調でした。CMはもちろん入れますが、曲は入れませんでした。熱量をまったく下げずに霜降り明星は2時間もしゃべり続けたんですよ。「ばかなふり」から、奇跡の回が生まれた瞬間でした。

放送直前、アシスタントディレクターと時間配分について確認し合う。

本番スタート。野上さんがガラス越しに合図を出すと、パーソナリティが話し始め、放送がスタートする。

Q なぜこの仕事を目指したのですか？

子どものころからお笑いが好きで、一時期は芸人になりたいと思っていました。けれど、しだいに芸人になる厳しさや難しさを知り、表舞台に立つことはあきらめたんです。

ラジオは、好きな芸人さんの影響で「オールナイトニッポン」を聴く程度でした。あるときパーソナリティがディレクターのことを茶化していて、そのやりとりをとてもおもしろく感じました。このディレクターの番組が好きになり、「こんなディレクターになりたい」とあこがれるようになったんです。

ラジオ番組はテレビとはちがい、少人数で完結する仕事なので、若いスタッフでも番組づくりで決定権をもてるチャンスがあります。自分に合っていると思い、裏方としてお笑いに関わるラジオのディレクターを目指しました。

台本を見ながら進行をチェック。はりつめた緊張感のなかで、予定通りの時間に収めるのが腕の見せどころだ。

Q 今までに どんな仕事をしましたか？

芸人コンビ・ぺこぱがおもしろくて好きだったので、「彼らの番組をつくりたい」と思い立ちました。特別番組の企画書をつくって提出したところ、企画が通って、単発番組として放送することができました。すると、反響が大きく非常に好評で、後でレギュラー番組に昇格したんです。これが『ぺこぱのオールナイトニッポンX』の立ち上げにつながりました。毎週、企画を考えたり、ゲストをよんだり、番組特製グッズをつくったり、いろいろなことに挑戦しました。この番組では本当によい経験ができました。

Q 仕事をする上で、難しいと 感じる部分はどこですか？

おもしろいと思ってつくった番組なのに、いざ放送したら評判がよくなかったときです。予想に反して聴取率※が低かったり、スポンサーに不評だったりすると、つらいです。ときにはリスナーの共感を得られない場合があることにも、難しさを感じますね。出演してくれたパーソナリティだけでなく、リスナーにも申し訳ない気持ちになります。

そんなときは、スタッフで反省会を行って改善点を探します。また、番組を長く継続させるには、聴取率だけでなく仲間づくりも重要なので、番組のファンを増やすことを心がけます。放送後の反響が少なくても、番組をおもしろいと思ってくれる熱心なファンに応援してもらうことで、次につながると思うからです。

・ストップウォッチ・

・赤ペン・

・ノート・

Q この仕事をするには、 どんな力が必要ですか？

ずばり「オタク力」です。「オタク力」とは、好きなことに時間を忘れて熱中できる力、何かひとつをとことん突き詰めていく力のことです。浅く広く興味をもつよりも、せまくても深い知識がある人には、強みがあります。私はその強みがお笑いでありたいと思っています。

お笑いを極めたいと思ったら、好きな芸人さんのライブのチケットを買い、足を運んだ会場で本やグッズを選んで買うことが大事です。好きなものに熱意をこめ、労力をかけるんです。すると、ライブのすばらしさを感じるだけでなく、チケットの価格設定やグッズの内容も知ることができます。

これらの経験が仕事に役立ちます。実体験があるからこそファン心理を理解でき、制作側としてリスナーに応える番組やイベントができると考えています。

「放送が無事に終わりました」ほっとした表情を見せる野上さん。休むひまもなく、次の番組の準備に入る。

PICKUP ITEM

ストップウォッチは秒刻みの進行のための必需品だ。時間の計算機能がついていて、例えば「10分 − 3分25秒」などが瞬時に計算できるので、次のコーナーを何分何秒以内に収めればよいかがわかる。赤ペンは台本チェックに必要。ノートは、番組づくりに関する思いつきを書きとめるために使う。

用語 ※ 聴取率⇒ある時間帯に個人でラジオを聴いている割合を算出したもの。テレビの視聴率にあたる。

毎日の生活と将来

Q 休みの日には何をしていますか？

　2歳になる子どもを連れて出かけています。公園に行ったり、近所をぶらぶらしたりします。行ったことがないところへ、インターネットで調べて行くこともあります。

　ひとりのときはエンターテインメントの映像を観ています。テレビ番組の見逃し配信サービスのTVerや、映像コンテンツをインターネットで提供するNetflixを観ることが多いですね。担当する番組のパーソナリティが出演する番組やSNSで評判の映画もチェックしますし、信頼する人がすすめる映画は映画館まで足を運びます。

「公園内を走る列車に乗るのが大好きです。娘にせがまれて、この公園に来るたびに乗っています」

「娘といっしょにブランコに乗りました。公園では、活発に走りまわっています」

Q ふだんの生活で気をつけていることはありますか？

　今の世の中で流行っているアニメなどのエンターテイメント作品を、必ず確認することです。流行っている理由を知りたいからです。ただし、映像や音声のコンテンツは国内外ふくめて数が多いので、すべてをしっかりと観ることはできません。

　ドラマの場合は、一話目を観て、続きを観るかどうか判断します。判断するには、その作品に新しい要素や刺激があるかどうかがポイントですね。最終話まで観るのはやはりおもしろいと思ったものだけになり、なぜ流行っているのかもわかってきます。電車での移動中や入浴中にスマートフォンで視聴するなど、時間をうまく使うのがコツです。

	月	火	水	木	金	土	日
05:00	睡眠	睡眠	睡眠	睡眠	睡眠	タクシーで帰宅	
07:00	朝の準備 保育園へ送る	朝の準備 保育園へ送る	朝の準備 保育園へ送る	朝の準備 保育園へ送る	朝の準備 保育園へ送る		
09:00	出勤・スタジオ準備	出勤・ディレクターと打ち合わせ	出勤・ディレクターと打ち合わせ	出勤			
11:00	出演者と打ち合わせ			ディレクター全体会議			
13:00	スタジオチェック	スタジオチェック	スタジオチェック	スタジオチェック			
15:00	生放送立ち会い	生放送立ち会い	生放送立ち会い	生放送立ち会い			
17:00	反省会・報告資料作成	反省会	反省会	反省会	出勤・出演依頼作業	休日	休日
	営業担当者と打ち合わせ	食事	番組スタッフ会議 番組ディレクター会議	録音番組の準備	原稿チェック		
19:00	編集作業	編集担当者と打ち合わせ	編集作業 番組ディレクター会議	出演者到着・録音	食事 スタジオ準備		
21:00	帰宅・食事	帰宅・食事	帰宅・食事	帰宅・食事			
23:00					リスナーからの投稿メールチェック		
					出演者到着		
01:00	睡眠	睡眠			生放送立ち会い		
03:00			睡眠	睡眠	スタジオ撤収・報告資料作成		
05:00							

野上さんのある1週間

月〜木で、昼の生放送番組を担当している。この番組では、チーフとしてほかのディレクターとも連携している。金曜日の夜中にも生放送があるので、週末は変則勤務だ。

Q 将来のために、今努力して いることはありますか？

SNSを利用して社外の人と人脈をつくり、仕事の「種まき」をしています。興味がある放送作家や芸人さんをフォローして直接連絡をし、仕事につなげます。

お笑いタレントのフワちゃんとは、ある芸人さんを介して知り合い、SNSでつながりました。当時はこんなに売れるとは思わず、クセの強い、個性的な芸人さんという印象でした。あるとき担当番組のパーソナリティが休むことになり、フワちゃんに「いちど、やってみませんか」とメッセージを送ったんです。OKをもらって単発番組を放送したところ、大好評で、のちのレギュラー番組の誕生につながりました。「種まき」が実を結んだ瞬間でしたね。

○ ニッポン放送

「現在はニッポン放送から出向※して、グループ会社でディレクターをしています。出向期間が終わったらプロデューサーを目指したいですね」

会ってみたい人、ゲストとして出演してほしい人、番組のコーナーに関するアイデアなど、思いついたことを何でもノートに書いておく。

Q これからどんな仕事をし、 どのように暮らしたいですか？

番組制作の核心となる仕事をしていきたいです。そのためにも、ディレクターからプロデューサー、最終的には局をたばねる社長になりたいと思っています。

現在はチーフディレクターとして、現場からひとつ上の目線で番組を監督する仕事のおもしろさを感じています。もう一段階上のプロデューサーの立場になると、現場からははなれますが、客観的に全体を見ながら方向性を示して番組をつくりあげていくことができるので、その仕事も興味深いですね。

自分がずっとニッポン放送で働き続けるかどうかわかりません。でも、ここにいるならば活躍し続け、本気で社長を目指したい。そのためにも、自分のまわりに楽しいことがたくさん集まってくるような環境をつくっていきたいです。

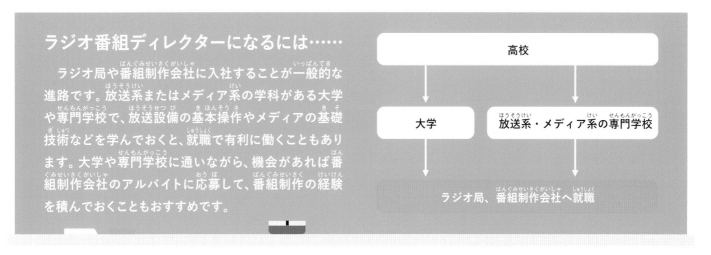

ラジオ番組ディレクターになるには……

ラジオ局や番組制作会社に入社することが一般的な進路です。放送系またはメディア系の学科がある大学や専門学校で、放送設備の基本操作やメディアの基礎技術などを学んでおくと、就職で有利に働くこともあります。大学や専門学校に通いながら、機会があれば番組制作会社のアルバイトに応募して、番組制作の経験を積んでおくこともおすすめです。

高校

↓　　　　　↓

大学　　　放送系・メディア系の専門学校

↓　　　　　↓

ラジオ局、番組制作会社へ就職

用　語　※ 出向 ⇒ 会社に籍を置いたまま、ほかの会社などで働くこと。

子どものころ

Q 小学生・中学生のとき、どんな子どもでしたか？

　小学生のころはおとなしく、引っ込み思案なタイプでした。絵を描くのが好きで画家になりたいと思っていました。

　中学校は私立の中高一貫校に通ったので、最初は友だちがひとりもいなかったんです。友だちづくりには苦労しましたが、お笑いに興味をもつようになってから変わりました。少しずつ明るくなって、中学の後半ぐらいにはお調子者として目立つ存在になっていました。合唱コンクールで歌を歌う前にコントを披露したことが、強く印象に残っています。

　当時、芸人コンビのはんにゃが大人気で、彼らが出演する『爆笑レッドシアター』という番組が流行っていました。私はその番組がとても好きだったので、お笑い事務所・吉本興業が発行する「マンスリーよしもと」という雑誌を買っては、番組を欠かさず観て芸人さんをチェックしていました。「M-1グランプリ」で活躍したトータルテンボスやオードリーといったコンビのファンになって、ライブに行ったりDVDを買って何度も観たりしました。お笑い好きな人が集まるインターネットのサイトに漫才のネタを投稿し、画面の向こうにいる友だちと批評し合うのも楽しかったですね。変わらず美術は好きでしたが、目指すは、お笑い芸人一筋という中学生でした。

中学1年生のときの美術の作品。水辺の風景を写生した。

中学生のころに夢中になって読んだ雑誌「マンスリーよしもと」。

野上さんの夢ルート

| 小学校 ▶ 画家 |
絵を描くことが好きだった。
▼
| 中学校 ▶ お笑い芸人 |
お笑いに夢中になった。
将来はお笑い芸人になると決めた。
▼
| 高校 ▶ 放送作家 |
お笑いのテレビ番組やライブの制作側にも興味をもった。コントや漫才の台本をつくる放送作家の仕事に魅力を感じた。
▼
| 大学 ▶ 番組ディレクター、プロデューサー |
お笑い番組の制作にたずさわりたかった。

中学校のときの体育祭で、1500m走に参加する野上さん。

Q 子どものころにやっておけばよかったことはありますか？

　集団で行うスポーツをやっておけばよかったです。硬式テニスの経験しかないせいか、個人競技や少人数のスポーツばかりが好きなんです。もし、大勢の人とチームを組んで戦うスポーツを経験していたら、仕事にもちがう影響があったかもしれません。

　やっておいてよかったことは、読書です。本を通して自分の知らない知識を得られるからです。講談社青い鳥文庫の探偵ものがおもしろくて、よく読みました。

Q 中学のときの職場体験は、どこへ行きましたか？

通っていた中学校では職場体験はなく、卒業生や著名な方を招いて話をしてもらう「土曜講座」というカリキュラムがありました。卒業生のひとりとして招かれた、道順検索のサービスを行うナビタイムジャパン代表・大西啓介さんのお話を聞いた記憶があります。

「こういうものがあったら便利だな」と思いついたアイデアをかたちにしたら、大勢の人に使ってもらえるサービスを提供することができた、というお話でした。

Q 「土曜講座」での講演会ではどんな印象をもちましたか？

「ナビタイム」は、道順検索の先駆けとなったサービスです。スマートフォンを使った道順検索アプリは、今は多くの人になくてはならないもので、そんな便利なサービスを最初につくったのが自分が通っていた学校の卒業生だと知り、びっくりしました。

また、講演を聞いて、当時はまったく想像できずにいた社会人という存在を身近に感じることができました。「もしかしたら、自分でも将来は大きな仕事ができるかもしれない」と思ったことを覚えています。

Q この仕事を目指すなら、今、何をすればいいですか？

好きなラジオ番組を見つけて聴いてみてください。いちど聴くだけでもいいですし、毎週続けて聴くと番組の魅力がわかってきます。おすすめは、私が担当している『霜降り明星のオールナイトニッポン』です。ラジオに初めてふれる方は、『佐久間宣行のオールナイトニッポン０』も聴きやすいと思いますよ。

さらに、ラジオに限らずいろいろなエンターテインメントに興味をもってほしいですね。とくに生で見るライブは、一期一会の貴重な経験になります。多少の出費はあっても、その価値は十分あります。テレビや動画とはちがう「本物」や「生のもの」にふれて、世界を広げてください。

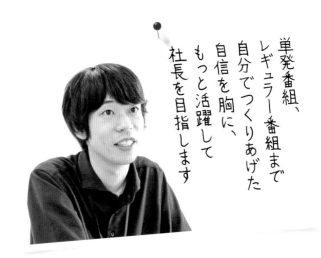

単発番組、レギュラー番組まで自分でつくりあげた自信を胸に、もっと活躍して社長を目指します

－ 今できること －

ふだんの暮らし

ふだんから、ラジオ番組を聴きましょう。興味深い番組やパーソナリティを見つけたら、それらについての情報を雑誌やテレビ、インターネットを使って探してみてください。また、放送委員をやってみましょう。放送機材をあつかうことができますし、お昼の放送番組をつくることもできるかもしれません。NHK杯全国中学校放送コンテストではラジオ番組の部門もあるので、チャレンジしてみましょう。人を楽しませる番組をつくるために工夫を重ねる体験が、将来につながります。

 国語
「話す」「聞く」「書く」「読む」力をまんべんなくのばしましょう。読書習慣を身につけて、世の中で話題になるようなさまざまな事柄に関する知識を増やしましょう。

 数学
数字の情報を正しくすばやく管理できる能力が、ディレクターには必要です。時間や割合の計算を得意にしておきましょう。

 社会
流行しているものの背景を知ることが大切です。政治や経済、文化などを中心に学び、さまざまなジャンルの情報を集める習慣を身につけましょう。

 音楽
授業で学ぶ古典音楽や民謡などから流行りの音楽まで、さまざまな音楽に関心をもって聴いてみましょう。

仕事のつながりがわかる
笑いの仕事 関連マップ

ここまで紹介した笑いの仕事が、それぞれどう関連しているのかを見てみましょう。

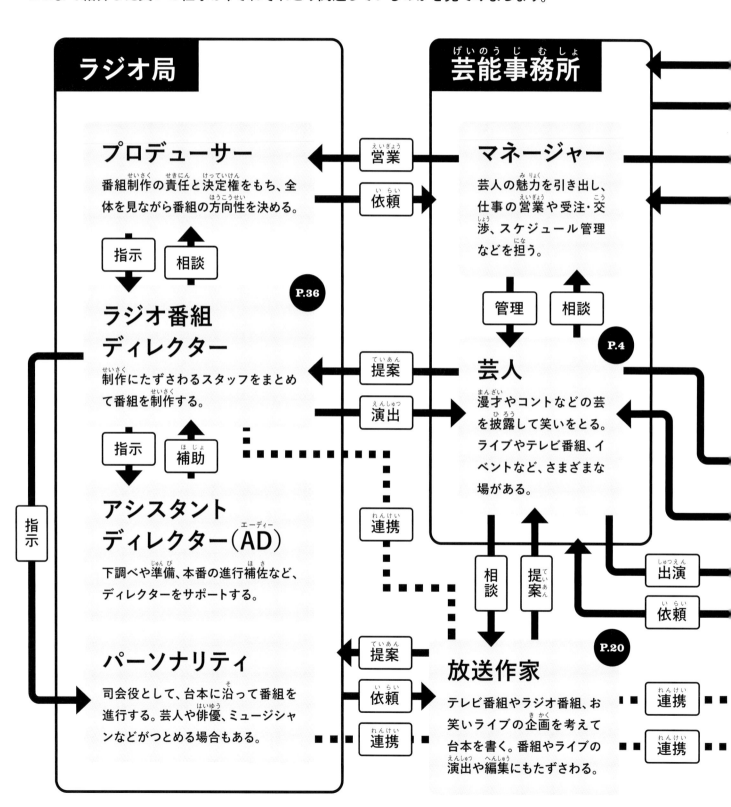

ラジオ局

プロデューサー
番組制作の責任と決定権をもち、全体を見ながら番組の方向性を決める。

指示 / 相談

ラジオ番組ディレクター
制作にたずさわるスタッフをまとめて番組を制作する。

P.36

指示 / 補助

アシスタントディレクター（AD）
下調べや準備、本番の進行補佐など、ディレクターをサポートする。

パーソナリティ
司会役として、台本に沿って番組を進行する。芸人や俳優、ミュージシャンなどがつとめる場合もある。

指示

芸能事務所

マネージャー
芸人の魅力を引き出し、仕事の営業や受注・交渉、スケジュール管理などを担う。

営業 / 依頼

管理 / 相談

芸人
漫才やコントなどの芸を披露して笑いをとる。ライブやテレビ番組、イベントなど、さまざまな場がある。

P.4

提案 / 演出

連携

相談 / 提案

出演 / 依頼

放送作家
テレビ番組やラジオ番組、お笑いライブの企画を考えて台本を書く。番組やライブの演出や編集にもたずさわる。

P.20

提案 / 依頼 / 連携

連携 / 連携

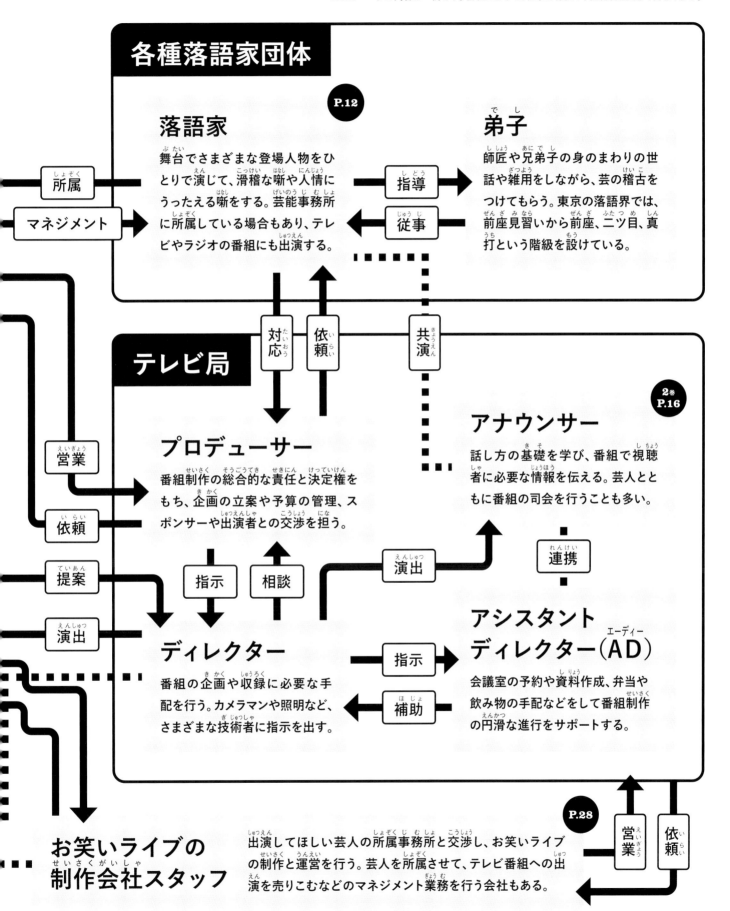

各種落語家団体

落語家　P.12

舞台でさまざまな登場人物をひとりで演じて、滑稽な噺や人情にうったえる噺をする。芸能事務所に所属している場合もあり、テレビやラジオの番組にも出演する。

所属

マネジメント

指導 →

← 従事

弟子

師匠や兄弟子の身のまわりの世話や雑用をしながら、芸の稽古をつけてもらう。東京の落語界では、前座見習いから前座、二ツ目、真打という階級を設けている。

対応　依頼　共演

テレビ局

プロデューサー

番組制作の総合的な責任と決定権をもち、企画の立案や予算の管理、スポンサーや出演者との交渉を担う。

営業

依頼

提案

演出

アナウンサー　2巻 P.16

話し方の基礎を学び、番組で視聴者に必要な情報を伝える。芸人とともに番組の司会を行うことも多い。

連携

指示　相談　演出

ディレクター

番組の企画や収録に必要な手配を行う。カメラマンや照明など、さまざまな技術者に指示を出す。

指示 →

← 補助

アシスタントディレクター（AD）エーディー

会議室の予約や資料作成、弁当や飲み物の手配などをして番組制作の円滑な進行をサポートする。

お笑いライブの制作会社スタッフ　P.28

出演してほしい芸人の所属事務所と交渉し、お笑いライブの制作と運営を行う。芸人を所属させて、テレビ番組への出演を売りこむなどのマネジメント業務を行う会社もある。

営業　依頼

人をいやし、幸せにする 笑いの力

▶「お笑い」による教育効果

埼玉県越谷市の小学校で始まった「教育漫才」をご存じでしょうか。これは、学校で漫才を行うことにより、子どもたちのコミュニケーションを活性化することを目指した取り組みです。漫才ではボケとツッコミで笑いをとりますが、教育漫才では相方をけなすことはしません。コンビ・トリオをくじ引きで決め、ネタづくりは自分たちで行います。教育漫才には、これまで接点のなかった人との関係をつくり、言葉選びや相手への配慮を身につけることが期待されており、保護者や地域も巻きこんだ広がりを見せています。

笑いをとるには、日常のなかでネタを見つける「情報収集力」、人とはちがうものの見方をする「発想力」、より伝わる言葉選びやふるまいをする「表現力」、起承転結を考える「構成力」、場の雰囲気や相手に合わせた言いまわしができる「コミュニケーション力」など、さまざまな力が必要です。

この本に登場する落語家は、「ウケるには、場のお客さんの反応を初めの一瞬でつかむことが大事です」と語っています。また、ウケるかどうかは、落語がうまいかへたかよりも、その場のお客さんに合ったものを提供できるかどうかが大きい、とも言っています。笑いを突き詰める過程で、表現や感性が人それぞれにちがうことを知れば、あらゆる場面でさまざまな視点があることを想定できるようになります。その力が、他者を受け入れる姿勢にもつながるのでしょう。

▶ 個性をのばすことが何よりも大事

芸人や落語家としてだれもが知るスターになることができるのは、ほんのひとにぎりです。しかし、インターネットのサービスが発達して、芸人や落語家の活躍の場が増えました。動画投稿サイトにネタの動画を公開して新しいファンを獲得したり、有料の配信ライブで多くのお客さんを集めたりする人もいます。芸能事務所や落語家の師匠に育ててもらうだけでなく、それぞれが自分で新しい表現の場所を見つけ、

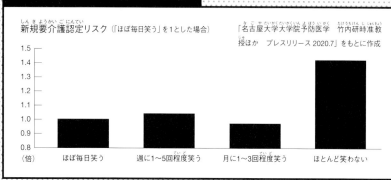

笑いの頻度と要介護状態の関係

新規要介護認定リスク（「ほぼ毎日笑う」を1とした場合）

「名古屋大学大学院予防医学　竹内研時准教授ほか　プレスリリース 2020.7」をもとに作成

1.5	
1.4	
1.3	
1.2	
1.1	
1.0	
0.9	
0.8	
(倍)	ほぼ毎日笑う　週に1〜5回程度笑う　月に1〜3回程度笑う　ほとんど笑わない

名古屋大学が65歳以上の日本の高齢者1万4233人を3年間追跡して調べたところ、「ほぼ毎日笑う」人と比べ、「ほとんど笑わない」人の介護が必要と認定されるリスクは1.4倍高いことが示された。笑いの健康効果は以前から注目されていたが、笑いの頻度と要介護状態との関連を世界で初めて明らかにした研究となった。

2023年、埼玉県越谷市の新方小学校で行われた教育漫才大会「N‐1グランプリ」の「ファイナルラウンド」。各ブロック代表の12組が出場し、会場をわかせた。新方小学校の取り組みを参考に、教育漫才を行う学校が少しずつ増えている

チャンスにつなげることが可能となっています。

　中学生時代、学校の人気者だった人だけが笑いの仕事に就くわけではありません。大人になってセンスや実力が認められている人の学生時代がはなやかであったとは限らず、むしろ目立たない生徒だった、ということが少なくないからです。この本に登場する放送作家は、お笑いにくわしいこと以外に強みをもつことをすすめています。自分の好きなことがある人は、たとえまわりの人に理解されなくても、それをのばすことで、唯一無二の価値を生み出せる可能性が高まると言えます。

　この本には、放送作家のほかにも、お笑いライブの制作会社スタッフやラジオ番組ディレクターなど、笑いの仕事を支える人が登場します。ラジオ番組ディレクターは、若くても決定権をもてる番組ディレクターの仕事を「自分に合っている」と考えたことが、今の職場で活躍するきっかけとなりました。落語家や芸人として表舞台に立つ以外にも、お笑いに関わる仕事はさまざまに広がっています。

▶ ウェルビーイングに不可欠な笑いの力

　よく笑う人は、ストレスに強く、病気になりにくく、生活に対する満足度も高い傾向にあることが、これまでの数々の研究でわかっています。

　肉体的、精神的、社会的にすべてが満たされた状態にあることを指す「ウェルビーイング」が、日本だけでなく世界で重視されています。とくに教育の場で求められる「子どものウェルビーイング」は、子どもたちひとりひとりが他者に支配されることなく、また自分の殻にとじこもることなく、他者との関係のなかに幸せを感じられるための考え方です。これを実現するには、笑いの力が欠かせません。

　「笑い」をとる力は、仕事や健康、人間関係の構築に大変役立ちます。この仕事を目指す人も、そうでない人も、笑いの効果を理解し、「あの人はおもしろい」と言われている人をよく観察して、相手を楽しませようとする心構えをぜひ身につけてください。

PROFILE

玉置 崇

岐阜聖徳学園大学教育学部教授。
愛知県小牧市の小学校を皮切りに、愛知教育大学附属名古屋中学校や小牧市立小牧中学校管理職、愛知県教育委員会海部教育事務所所長、小牧中学校校長などを経て、2015年4月から現職。数学の授業名人として知られるいっぽう、ICT活用の分野でも手腕を発揮し、小牧市の情報環境を整備するとともに、教育システムの開発にも関わる。
文部科学省「校務におけるICT活用促進事業」事業検討委員会座長をつとめる。

構成　酒井理恵

さくいん

【取材協力】
株式会社 太田プロダクション　https://www.ohtapro.co.jp/
一般社団法人落語協会　https://rakugo-kyokai.jp/
株式会社チャビー　http://www.chubby.work/
株式会社K-PRO　https://kpro-web.com/
株式会社ニッポン放送　https://www.1242.com/

【写真協力】
株式会社チャビー　p21
越谷市立新方小学校　p47

【解説】
玉置 崇（岐阜聖徳学園大学教育学部教授）　p46-47

【装丁・本文デザイン】
アートディレクション／尾原史和（BOOTLEG）
デザイン／坂井 晃・角田晴彦・加藤 玲（BOOTLEG）

【撮影】
平井伸造　p4-19、p36-43
杵嶋宏樹　p20-27
土屋貴章　p28-35

【執筆】
和田全代　p4-11
鬼塚夏海　p12-19
安部優薫　p20-35
山本美佳　p36-43

【イラスト】
フジサワミカ

【企画・編集】
佐藤美由紀・山岸都芳（小峰書店）
常松心平・鬼塚夏海（303BOOKS）

キャリア教育に活きる!

仕事ファイル 45
笑いの仕事

2024年4月6日　第1刷発行

編　著　小峰書店編集部
発行者　小峰広一郎
発行所　株式会社小峰書店
　　　　〒162-0066　東京都新宿区市谷台町4-15
　　　　TEL 03-3357-3521　FAX 03-3357-1027
　　　　https://www.komineshoten.co.jp/
印　刷　株式会社精興社
製　本　株式会社松岳社

©Komineshoten 2024　Printed in Japan
NDC 366　48p　29×23cm
ISBN978-4-338-36603-8